は　し　が　き

　平成 29 年 3 月に告示された中学校学習指導要領が，令和 3 年度から全面実施されます。

　今回の学習指導要領では，各教科等の目標及び内容が，育成を目指す資質・能力の三つの柱（「知識及び技能」，「思考力，判断力，表現力等」，「学びに向かう力，人間性等」）に沿って再整理され，各教科等でどのような資質・能力の育成を目指すのかが明確化されました。これにより，教師が「子供たちにどのような力が身に付いたか」という学習の成果を的確に捉え，主体的・対話的で深い学びの視点からの授業改善を図る，いわゆる「指導と評価の一体化」が実現されやすくなることが期待されます。

　また，子供たちや学校，地域の実態を適切に把握した上で教育課程を編成し，学校全体で教育活動の質の向上を図る「カリキュラム・マネジメント」についても明文化されました。カリキュラム・マネジメントの一側面として，「教育課程の実施状況を評価してその改善を図っていくこと」がありますが，このためには，教育課程を編成・実施し，学習評価を行い，学習評価を基に教育課程の改善・充実を図るというＰＤＣＡサイクルを確立することが重要です。このことも，まさに「指導と評価の一体化」のための取組と言えます。

　このように，「指導と評価の一体化」の必要性は，今回の学習指導要領において，より一層明確なものとなりました。そこで，国立教育政策研究所教育課程研究センターでは，「幼稚園，小学校，中学校，高等学校及び特別支援学校の学習指導要領等の改善及び必要な方策等について（答申）」（平成 28 年 12 月 21 日中央教育審議会）をはじめ，「児童生徒の学習評価の在り方について（報告）」（平成 31 年 1 月 21 日中央教育審議会初等中等教育分科会教育課程部会）や「小学校，中学校，高等学校及び特別支援学校等における児童生徒の学習評価及び指導要録の改善等について」（平成 31 年 3 月 29 日付初等中等教育局長通知）を踏まえ，このたび「『指導と評価の一体化』のための学習評価に関する参考資料」を作成しました。

　本資料では，学習評価の基本的な考え方や，各教科等における評価規準の作成及び評価の実施等について解説しているほか，各教科等別に単元や題材に基づく学習評価について事例を紹介しています。各学校においては，本資料や各教育委員会等が示す学習評価に関する資料などを参考としながら，学習評価を含むカリキュラム・マネジメントを円滑に進めていただくことで，「指導と評価の一体化」を実現し，子供たちに未来の創り手となるために必要な資質・能力が育まれることを期待します。

　最後に，本資料の作成に御協力くださった方々に心から感謝の意を表します。

　令和 2 年 3 月

国 立 教 育 政 策 研 究 所
教育課程研究センター長
　笹　井　　弘　之

目次

- 学習評価の在り方ハンドブック（小・中学校編）

※本冊子については，改訂後の常用漢字表（平成 22 年 11 月 30 日内閣告示）に基づいて表記しています。（学習指導要領及び初等中等教育局長通知等の引用部分を除く）

第1編

総説

第1編　総説

本編においては，以下の資料について，それぞれ略称を用いることとする。

答申 :「幼稚園，小学校，中学校，高等学校及び特別支援学校の学習指導要領等の改善及び必要な方策等について（答申）」　平成28年12月21日　中央教育審議会

報告 :「児童生徒の学習評価の在り方について（報告）」　平成31年1月21日　中央教育審議会　初等中等教育分科会　教育課程部会

改善等通知 :「小学校，中学校，高等学校及び特別支援学校等における児童生徒の学習評価及び指導要録の改善等について（通知）」　平成31年3月29日　初等中等教育局長通知

第1章　平成29年改訂を踏まえた学習評価の改善

1　はじめに

　　学習評価は，学校における教育活動に関し，児童生徒の学習状況を評価するものである。答申にもあるとおり，児童生徒の学習状況を的確に捉え，教師が指導の改善を図るとともに，児童生徒が自らの学びを振り返って次の学びに向かうことができるようにするためには，学習評価の在り方が極めて重要である。

　　各教科等の評価については，学習状況を分析的に捉える「観点別学習状況の評価」と「評定」が学習指導要領に定める目標に準拠した評価として実施するものとされている[1]。観点別学習状況の評価とは，学校における児童生徒の学習状況を，複数の観点から，それぞれの観点ごとに分析する評価のことである。児童生徒が各教科等での学習において，どの観点で望ましい学習状況が認められ，どの観点に課題が認められるかを明らかにすることにより，具体的な学習や指導の改善に生かすことを可能とするものである。各学校において目標に準拠した観点別学習状況の評価を行うに当たっては，観点ごとに評価規準を定める必要がある。評価規準とは，観点別学習状況の評価を的確に行うため，学習指導要領に示す目標の実現の状況を判断するよりどころを表現したものである。本参考資料は，観点別学習状況の評価を実施する際に必要となる評価規準等，学習評価を行うに当たって参考となる情報をまとめたものである。

　　以下，文部省指導資料から，評価規準について解説した部分を参考として引用する。

---

[1] 各教科の評価については，観点別学習状況の評価と，これらを総括的に捉える「評定」の両方について実施するものとされており，観点別学習状況の評価や評定には示しきれない児童生徒の一人一人のよい点や可能性，進歩の状況については，「個人内評価」として実施するものとされている。（P.6～11に後述）

（参考）評価規準の設定（抄）

（文部省「小学校教育課程一般指導資料」（平成5年9月）より）

　新しい指導要録（平成3年改訂）では，観点別学習状況の評価が効果的に行われるようにするために，「各観点ごとに学年ごとの評価規準を設定するなどの工夫を行うこと」と示されています。

　これまでの指導要録においても，観点別学習状況の評価を適切に行うため，「観点の趣旨を学年別に具体化することなどについて工夫を加えることが望ましいこと」とされており，教育委員会や学校では目標の達成の度合いを判断するための基準や尺度などの設定について研究が行われてきました。

　しかし，それらは，ともすれば知識・理解の評価が中心になりがちであり，また「目標を十分達成（＋）」，「目標をおおむね達成（空欄）」及び「達成が不十分（－）」ごとに詳細にわたって設定され，結果としてそれを単に数量的に処理することに陥りがちであったとの指摘がありました。

　今回の改訂においては，学習指導要領が目指す学力観に立った教育の実践に役立つようにすることを改訂方針の一つとして掲げ，各教科の目標に照らしてその実現の状況を評価する観点別学習状況を各教科の学習の評価の基本に据えることとしました。したがって，評価の観点についても，学習指導要領に示す目標との関連を密にして設けられています。

　このように，学習指導要領が目指す学力観に立つ教育と指導要録における評価とは一体のものであるとの考え方に立って，各教科の目標の実現の状況を「関心・意欲・態度」，「思考・判断・表現」，「技能・表現（または技能）」及び「知識・理解」の観点ごとに適切に評価するため，「評価規準を設定する」ことを明確に示しているものです。

　「評価規準」という用語については，先に述べたように，新しい学力観に立って子供たちが自ら獲得し身に付けた資質や能力の質的な面，すなわち，学習指導要領の目標に基づく幅のある資質や能力の育成の実現状況の評価を目指すという意味から用いたものです。

2　平成29年改訂を踏まえた学習評価の意義
（1）学習評価の充実

　平成29年改訂小・中学校学習指導要領総則においては，学習評価の充実について新たに項目が置かれた。具体的には，学習評価の目的等について以下のように示し，単元や題材など内容や時間のまとまりを見通しながら，児童生徒の主体的・対話的で深い学びの実現に向けた授業改善を行うと同時に，評価の場面や方法を工夫して，学習の過程や成果を評価することを示し，授業の改善と評価の改善を両輪として行っていくことの必要性を明示した。

> ・生徒のよい点や進歩の状況などを積極的に評価し，学習したことの意義や価値を実感できるようにすること。また，各教科等の目標の実現に向けた学習状況を把握する観点から，単元や題材など内容や時間のまとまりを見通しながら評価の場面や方法を工夫して，学習の過程や成果を評価し，指導の改善や学習意欲の向上を図り，資質・能力の育成に生かすようにすること。
> ・創意工夫の中で学習評価の妥当性や信頼性が高められるよう，組織的かつ計画的な取組を推進するとともに，学年や学校段階を越えて生徒の学習の成果が円滑に接続されるように工夫すること。

（中学校学習指導要領第1章総則　第3教育課程の実施と学習評価　2学習評価の充実）
（小学校学習指導要領にも同旨）

（2）カリキュラム・マネジメントの一環としての指導と評価

　　各学校における教育活動の多くは，学習指導要領等に従い児童生徒や地域の実態を踏まえて編成された教育課程の下，指導計画に基づく授業（学習指導）として展開される。各学校では，児童生徒の学習状況を評価し，その結果を児童生徒の学習や教師による指導の改善や学校全体としての教育課程の改善等に生かしており，学校全体として組織的かつ計画的に教育活動の質の向上を図っている。このように，「学習指導」と「学習評価」は学校の教育活動の根幹に当たり，教育課程に基づいて組織的かつ計画的に教育活動の質の向上を図る「カリキュラム・マネジメント」の中核的な役割を担っている。

（3）主体的・対話的で深い学びの視点からの授業改善と評価

　　指導と評価の一体化を図るためには，児童生徒一人一人の学習の成立を促すための評価という視点を一層重視し，教師が自らの指導のねらいに応じて授業での児童生徒の学びを振り返り，学習や指導の改善に生かしていくことが大切である。すなわち，平成29年改訂学習指導要領で重視している「主体的・対話的で深い学び」の視点からの授業改善を通して各教科等における資質・能力を確実に育成する上で，学習評価は重要な役割を担っている。

（4）学習評価の改善の基本的な方向性

　　（1）～（3）で述べたとおり，学習指導要領改訂の趣旨を実現するためには，学習評価の在り方が極めて重要であり，すなわち，学習評価を真に意味のあるものとし，指導と評価の一体化を実現することがますます求められている。
　　このため，報告では，以下のように学習評価の改善の基本的な方向性が示された。
　　① 児童生徒の学習改善につながるものにしていくこと
　　② 教師の指導改善につながるものにしていくこと
　　③ これまで慣行として行われてきたことでも，必要性・妥当性が認められないものは見直していくこと

3 平成29年改訂を受けた評価の観点の整理

平成29年改訂学習指導要領においては，知・徳・体にわたる「生きる力」を児童生徒に育むために「何のために学ぶのか」という各教科等を学ぶ意義を共有しながら，授業の創意工夫や教科書等の教材の改善を引き出していくことができるようにするため，全ての教科等の目標及び内容を「知識及び技能」，「思考力，判断力，表現力等」，「学びに向かう力，人間性等」の育成を目指す資質・能力の三つの柱で再整理した（図1参照）。知・徳・体のバランスのとれた「生きる力」を育むことを目指すに当たっては，各教科等の指導を通してどのような資質・能力の育成を目指すのかを明確にしながら教育活動の充実を図ること，その際には，児童生徒の発達の段階や特性を踏まえ，資質・能力の三つの柱の育成がバランスよく実現できるよう留意する必要がある。

図1

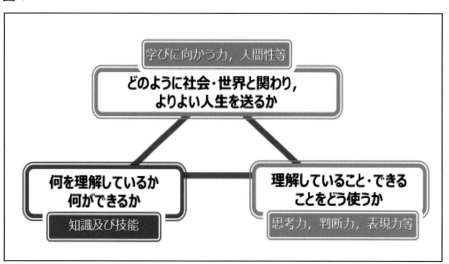

観点別学習状況の評価については，こうした教育目標や内容の再整理を踏まえて，小・中・高等学校の各教科を通じて，4観点から3観点に整理された。（図2参照）

図2

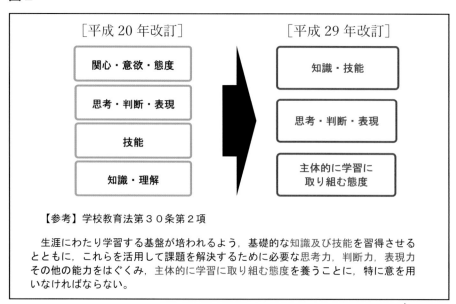

4　平成29年改訂学習指導要領における各教科の学習評価

　各教科の学習評価においては，平成29年改訂においても，学習状況を分析的に捉える「観点別学習状況の評価」と，これらを総括的に捉える「評定」の両方について，学習指導要領に定める目標に準拠した評価として実施するものとされた。改善等通知では，以下のように示されている。

【小学校児童指導要録】

　［各教科の学習の記録］

　I　観点別学習状況

　　学習指導要領に示す各教科の目標に照らして，その実現状況を観点ごとに評価し記入する。その際，

　　　　「十分満足できる」状況と判断されるもの：A

　　　　「おおむね満足できる」状況と判断されるもの：B

　　　　「努力を要する」状況と判断されるもの：C

　のように区別して評価を記入する。

　II　評定（第3学年以上）

　　各教科の評定は，学習指導要領に示す各教科の目標に照らして，その実現状況を，

　　　　「十分満足できる」状況と判断されるもの：3

　　　　「おおむね満足できる」状況と判断されるもの：2

　　　　「努力を要する」状況と判断されるもの：1

　のように区別して評価を記入する。

　　評定は各教科の学習の状況を総括的に評価するものであり，「観点別学習状況」において掲げられた観点は，分析的な評価を行うものとして，各教科の評定を行う場合において基本的な要素となるものであることに十分留意する。その際，評定の適切な決定方法等については，各学校において定める。

【中学校生徒指導要録】

（学習指導要領に示す必修教科の取扱いは次のとおり）

　［各教科の学習の記録］

　I　観点別学習状況（小学校児童指導要録と同じ）

　　学習指導要領に示す各教科の目標に照らして，その実現状況を観点ごとに評価し記入する。その際，

　　　　「十分満足できる」状況と判断されるもの：A

　　　　「おおむね満足できる」状況と判断されるもの：B

　　　　「努力を要する」状況と判断されるもの：C

　のように区別して評価を記入する。

　II　評定

　　各教科の評定は，学習指導要領に示す各教科の目標に照らして，その実現状況を，

「十分満足できるもののうち，特に程度が高い」状況と判断されるもの：5

「十分満足できる」状況と判断されるもの：4

「おおむね満足できる」状況と判断されるもの：3

「努力を要する」状況と判断されるもの：2

「一層努力を要する」状況と判断されるもの：1

のように区別して評価を記入する。

評定は各教科の学習の状況を総括的に評価するものであり，「観点別学習状況」において掲げられた観点は，分析的な評価を行うものとして，各教科の評定を行う場合において基本的な要素となるものであることに十分留意する。その際，評定の適切な決定方法等については，各学校において定める。

また，観点別学習状況の評価や評定には示しきれない児童生徒一人一人のよい点や可能性，進歩の状況については，「個人内評価」として実施するものとされている。改善等通知においては，「観点別学習状況の評価になじまず個人内評価の対象となるものについては，児童生徒が学習したことの意義や価値を実感できるよう，日々の教育活動等の中で児童生徒に伝えることが重要であること。特に『学びに向かう力，人間性等』のうち『感性や思いやり』など児童生徒一人一人のよい点や可能性，進歩の状況などを積極的に評価し児童生徒に伝えることが重要であること。」と示されている。

「3　平成29年改訂を受けた評価の観点の整理」も踏まえて各教科における評価の基本構造を図示化すると，以下のようになる。（図3参照）

図3

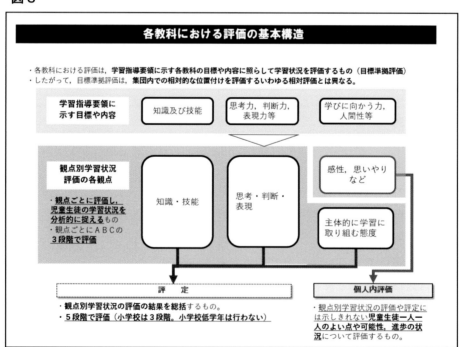

上記の，「各教科における評価の基本構造」を踏まえた3観点の評価それぞれについて

の考え方は，以下の（1）～（3）のとおりとなる。なお，この考え方は，外国語活動（小学校），総合的な学習の時間，特別活動においても同様に考えることができる。

（1）「知識・技能」の評価について

「知識・技能」の評価は，各教科等における学習の過程を通した知識及び技能の習得状況について評価を行うとともに，それらを既有の知識及び技能と関連付けたり活用したりする中で，他の学習や生活の場面でも活用できる程度に概念等を理解したり，技能を習得したりしているかについても評価するものである。

「知識・技能」におけるこのような考え方は，従前の「知識・理解」（各教科等において習得すべき知識や重要な概念等を理解しているかを評価），「技能」（各教科等において習得すべき技能を身に付けているかを評価）においても重視してきたものである。

具体的な評価の方法としては，ペーパーテストにおいて，事実的な知識の習得を問う問題と，知識の概念的な理解を問う問題とのバランスに配慮するなどの工夫改善を図るとともに，例えば，児童生徒が文章による説明をしたり，各教科等の内容の特質に応じて，観察・実験したり，式やグラフで表現したりするなど，実際に知識や技能を用いる場面を設けるなど，多様な方法を適切に取り入れていくことが考えられる。

（2）「思考・判断・表現」の評価について

「思考・判断・表現」の評価は，各教科等の知識及び技能を活用して課題を解決する等のために必要な思考力，判断力，表現力等を身に付けているかを評価するものである。

「思考・判断・表現」におけるこのような考え方は，従前の「思考・判断・表現」の観点においても重視してきたものである。「思考・判断・表現」を評価するためには，教師は「主体的・対話的で深い学び」の視点からの授業改善を通じ，児童生徒が思考・判断・表現する場面を効果的に設計した上で，指導・評価することが求められる。

具体的な評価の方法としては，ペーパーテストのみならず，論述やレポートの作成，発表，グループでの話合い，作品の制作や表現等の多様な活動を取り入れたり，それらを集めたポートフォリオを活用したりするなど評価方法を工夫することが考えられる。

（3）「主体的に学習に取り組む態度」の評価について

答申において「学びに向かう力，人間性等」には，①「主体的に学習に取り組む態度」として観点別学習状況の評価を通じて見取ることができる部分と，②観点別学習状況の評価や評定にはなじまず，こうした評価では示しきれないことから個人内評価を通じて見取る部分があることに留意する必要があるとされている。すなわち，②については観点別学習状況の評価の対象外とする必要がある。

「主体的に学習に取り組む態度」の評価に際しては，単に継続的な行動や積極的な発言を行うなど，性格や行動面の傾向を評価するということではなく，各教科等の「主体的に学習に取り組む態度」に係る観点の趣旨に照らして，知識及び技能を習得したり，

思考力，判断力，表現力等を身に付けたりするために，自らの学習状況を把握し，学習の進め方について試行錯誤するなど自らの学習を調整しながら，学ぼうとしているかどうかという意思的な側面を評価することが重要である。

　従前の「関心・意欲・態度」の観点も，各教科等の学習内容に関心をもつことのみならず，よりよく学ぼうとする意欲をもって学習に取り組む態度を評価するという考え方に基づいたものであり，この点を「主体的に学習に取り組む態度」として改めて強調するものである。

　本観点に基づく評価は，「主体的に学習に取り組む態度」に係る各教科等の評価の観点の趣旨に照らして，

① 　知識及び技能を獲得したり，思考力，判断力，表現力等を身に付けたりすることに向けた粘り強い取組を行おうとしている側面

② 　①の粘り強い取組を行う中で，自らの学習を調整しようとする側面

という二つの側面を評価することが求められる[2]。（図4参照）

　ここでの評価は，児童生徒の学習の調整が「適切に行われているか」を必ずしも判断するものではなく，学習の調整が知識及び技能の習得などに結び付いていない場合には，教師が学習の進め方を適切に指導することが求められる。

　具体的な評価の方法としては，ノートやレポート等における記述，授業中の発言，教師による行動観察や児童生徒による自己評価や相互評価等の状況を，教師が評価を行う際に考慮する材料の一つとして用いることなどが考えられる。

図4

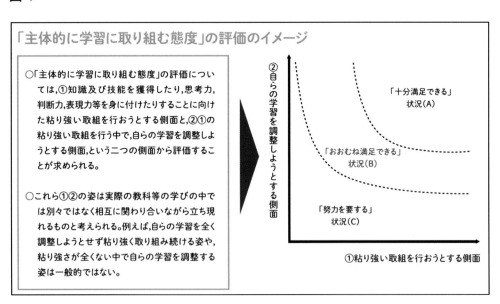

――――――――――――――――

[2] これら①②の姿は実際の教科等の学びの中では別々ではなく相互に関わり合いながら立ち現れるものと考えられることから，実際の評価の場面においては，双方の側面を一体的に見取ることも想定される。例えば，自らの学習を全く調整しようとせず粘り強く取り組み続ける姿や，粘り強さが全くない中で自らの学習を調整する姿は一般的ではない。

なお，学習指導要領の「2 内容」に記載のない「主体的に学習に取り組む態度」の評価については，後述する第2章1（2）を参照のこと[3]。

5 改善等通知における特別の教科 道徳，外国語活動（小学校），総合的な学習の時間，特別活動の指導要録の記録

改善等通知においては，各教科の学習の記録とともに，以下の（1）～（4）の各教科等の指導要録における学習の記録について以下のように示されている。

（1）特別の教科 道徳について

中学校等については，改善等通知別紙2に，「道徳の評価については，28文科初第604号「学習指導要領の一部改正に伴う小学校，中学校及び特別支援学校小学部・中学部における児童生徒の学習評価及び指導要録の改善等について（通知）」に基づき，学習活動における生徒の学習状況や道徳性に係る成長の様子を個人内評価として文章で端的に記述する」こととされている（小学校等についても別紙1に同旨）。

（2）外国語活動について（小学校）

改善等通知には，「外国語活動の記録については，評価の観点を記入した上で，それらの観点に照らして，児童の学習状況に顕著な事項がある場合にその特徴を記入する等，児童にどのような力が身に付いたかを文章で端的に記述すること」とされている。また，「評価の観点については，設置者は，小学校学習指導要領等に示す外国語活動の目標を踏まえ，改善等通知別紙4を参考に設定する」こととされている。

（3）総合的な学習の時間について

中学校等については，改善等通知別紙2に，「総合的な学習の時間の記録については，この時間に行った学習活動及び各学校が自ら定めた評価の観点を記入した上で，それらの観点のうち，生徒の学習状況に顕著な事項がある場合などにその特徴を記入する等，生徒にどのような力が身に付いたかを文章で端的に記述すること」とされている。また，「評価の観点については，各学校において具体的に定めた目標，内容に基づいて別紙4を参考に定めること」とされている（小学校等についても別紙1に同旨）。

---

[3] 各教科等によって，評価の対象に特性があることに留意する必要がある。例えば，体育・保健体育科の運動に関する領域においては，公正や協力などを，育成する「態度」として学習指導要領に位置付けており，各教科等の目標や内容に対応した学習評価が行われることとされている。

（4）特別活動について

　中学校等については，改善等通知別紙2に，「特別活動の記録については，各学校が自ら定めた特別活動全体に係る評価の観点を記入した上で，各活動・学校行事ごとに，評価の観点に照らして十分満足できる活動の状況にあると判断される場合に，○印を記入する」とされている。また，「評価の観点については，学習指導要領等に示す特別活動の目標を踏まえ，各学校において改善等通知別紙4を参考に定める。その際，特別活動の特質や学校として重点化した内容を踏まえ，例えば『主体的に生活や人間関係をよりよくしようとする態度』などのように，より具体的に定めることも考えられる。記入に当たっては，特別活動の学習が学校や学級における集団活動や生活を対象に行われるという特質に留意する」とされている（小学校等についても別紙1に同旨）。

　なお，特別活動は学級担任以外の教師が指導する活動が多いことから，評価体制を確立し，共通理解を図って，児童生徒のよさや可能性を多面的・総合的に評価するとともに，確実に資質・能力が育成されるよう指導の改善に生かすことが求められる。

6　障害のある児童生徒の学習評価について

　学習評価に関する基本的な考え方は，障害のある児童生徒の学習評価についても変わるものではない。

　障害のある児童生徒については，特別支援学校等の助言又は援助を活用しつつ，個々の児童生徒の障害の状態や特性及び心身の発達の段階に応じた指導内容や指導方法の工夫を行い，その評価を適切に行うことが必要である。また，指導内容や指導方法の工夫については，学習指導要領の各教科の「指導計画の作成と内容の取扱い」の「指導計画作成上の配慮事項」の「障害のある児童生徒への配慮についての事項」についての学習指導要領解説も参考となる。

7　評価の方針等の児童生徒や保護者への共有について

　学習評価の妥当性や信頼性を高めるとともに，児童生徒自身に学習の見通しをもたせるために，学習評価の方針を事前に児童生徒と共有する場面を必要に応じて設けることが求められており，児童生徒に評価の結果をフィードバックする際にも，どのような方針によって評価したのかを改めて児童生徒に共有することも重要である。

　また，新学習指導要領下での学習評価の在り方や基本方針等について，様々な機会を捉えて保護者と共通理解を図ることが非常に重要である。

第2章　学習評価の基本的な流れ

1　各教科における評価規準の作成及び評価の実施等について

（1）目標と観点の趣旨との対応関係について

　　評価規準の作成に当たっては，各学校の実態に応じて目標に準拠した評価を行うために，「評価の観点及びその趣旨[4]」が各教科等の目標を踏まえて作成されていること，また同様に，「学年別（又は分野別）の評価の観点の趣旨[5]」が学年（又は分野）の目標を踏まえて作成されていることを確認することが必要である。

　　なお，「主体的に学習に取り組む態度」の観点は，教科等及び学年（又は分野）の目標の（3）に対応するものであるが，観点別学習状況の評価を通じて見取ることができる部分をその内容として整理し，示していることを確認することが必要である。（図5，6参照）

図5

【学習指導要領「教科の目標」】

学習指導要領　各教科等の「第1　目標」

（1）	（2）	（3）
（知識及び技能に関する目標）	（思考力，判断力，表現力等に関する目標）	（学びに向かう力，人間性等に関する目標）[6]

【改善等通知「評価の観点及びその趣旨」】

改善等通知　別紙4　評価の観点及びその趣旨

観点	知識・技能	思考・判断・表現	主体的に学習に取り組む態度
趣旨	（知識・技能の観点の趣旨）	（思考・判断・表現の観点の趣旨）	（主体的に学習に取り組む態度の観点の趣旨）

---

[4] 各教科等の学習指導要領の目標の規定を踏まえ，観点別学習状況の評価の対象とするものについて整理したものが教科等の観点の趣旨である。

[5] 各学年（又は分野）の学習指導要領の目標を踏まえ，観点別学習状況の評価の対象とするものについて整理したものが学年別（又は分野別）の観点の趣旨である。

[6] 学びに向かう力，人間性等に関する目標には，個人内評価として実施するものも含まれている。（P.8 図3参照）※学年（又は分野）の目標についても同様である。

図6

【学習指導要領「学年（又は分野）の目標」】

学習指導要領　各教科等の「第2　各学年の目標及び内容」の学年ごとの「1　目標」

(1)	(2)	(3)
（知識及び技能に関する目標）	（思考力，判断力，表現力等に関する目標）	（学びに向かう力，人間性等に関する目標）

【改善等通知　別紙4「学年別（又は分野別）の評価の観点の趣旨」】

観点	知識・技能	思考・判断・表現	主体的に学習に取り組む態度
趣旨	（知識・技能の観点の趣旨）	（思考・判断・表現の観点の趣旨）	（主体的に学習に取り組む態度の観点の趣旨）

（2）「内容のまとまりごとの評価規準」とは

　　本参考資料では，評価規準の作成等について示す。具体的には，学習指導要領の規定から「内容のまとまりごとの評価規準」を作成する際の手順を示している。ここでの「内容のまとまり」とは，学習指導要領に示す各教科等の「第2　各学年の目標及び内容2　内容」の項目等をそのまとまりごとに細分化したり整理したりしたものである[7]。平成29年改訂学習指導要領においては資質・能力の三つの柱に基づく構造化が行われたところであり，基本的には，学習指導要領に示す各教科等の「第2　各学年（分野）の目標及び内容」の「2　内容」において[8]，「内容のまとまり」ごとに育成を目指す資質・

---

[7] 各教科等の学習指導要領の「第3　指導計画の作成と内容の取扱い」1(1)に「単元（題材）などの内容や時間のまとまり」という記載があるが，この「内容や時間のまとまり」と，本参考資料における「内容のまとまり」は同義ではないことに注意が必要である。前者は，主体的・対話的で深い学びを実現するため，主体的に学習に取り組めるよう学習の見通しを立てたり学習したことを振り返ったりして自身の学びや変容を自覚できる場面をどこに設定するか，対話によって自分の考えなどを広げたり深めたりする場面をどこに設定するか，学びの深まりをつくりだすために，児童生徒が考える場面と教師が教える場面をどのように組み立てるか，といった視点による授業改善は，1単位時間の授業ごとに考えるのではなく，単元や題材などの一定程度のまとまりごとに検討されるべきであることが示されたものである。後者（本参考資料における「内容のまとまり」）については，本文に述べるとおりである。

[8] 小学校家庭においては，「第2　各学年の内容」，「1　内容」，小学校外国語・外国語活動，中学校外国語においては，「第2　各言語の目標及び内容等」，「1　目標」である。

能力が示されている。このため,「2 内容」の記載はそのまま学習指導の目標となりうるものである[9]。学習指導要領の目標に照らして観点別学習状況の評価を行うに当たり,児童生徒が資質・能力を身に付けた状況を表すために,「2 内容」の記載事項の文末を「～すること」から「～している」と変換したもの等を,本参考資料において「内容のまとまりごとの評価規準」と呼ぶこととする[10]。

ただし,「主体的に学習に取り組む態度」に関しては,特に,児童生徒の学習への継続的な取組を通して現れる性質を有すること等から[11],「2 内容」に記載がない[12]。そのため,各学年(又は分野)の「1 目標」を参考にしつつ,必要に応じて,改善等通知別紙4に示された学年(又は分野)別の評価の観点の趣旨のうち「主体的に学習に取り組む態度」に関わる部分を用いて「内容のまとまりごとの評価規準」を作成する必要がある。

なお,各学校においては,「内容のまとまりごとの評価規準」の考え方を踏まえて,学習評価を行う際の評価規準を作成する。

(3)「内容のまとまりごとの評価規準」を作成する際の基本的な手順

各教科における,「内容のまとまりごとの評価規準」を作成する際の基本的な手順は以下のとおりである。

学習指導要領に示された教科及び学年(又は分野)の目標を踏まえて,「評価の観点及びその趣旨」が作成されていることを理解した上で,

① 各教科における「内容のまとまり」と「評価の観点」との関係を確認する。

② 【観点ごとのポイント】を踏まえ,「内容のまとまりごとの評価規準」を作成する。

---

[9] 「2 内容」において示されている指導事項等を整理することで「内容のまとまり」を構成している教科もある。この場合は,整理した資質・能力をもとに,構成された「内容のまとまり」に基づいて学習指導の目標を設定することとなる。また,目標や評価規準の設定は,教育課程を編成する主体である各学校が,学習指導要領に基づきつつ児童生徒や学校,地域の実情に応じて行うことが必要である。

[10] 小学校家庭,中学校技術・家庭(家庭分野)については,学習指導要領の目標及び分野の目標の(2)に思考力・判断力・表現力等の育成に係る学習過程が記載されているため,これらを踏まえて「内容のまとまりごとの評価規準」を作成する必要がある。

[11] 各教科等の特性によって単元や題材など内容や時間のまとまりはさまざまであることから,評価を行う際は,それぞれの実現状況が把握できる段階について検討が必要である。

[12] 各教科等によって,評価の対象に特性があることに留意する必要がある。例えば,体育・保健体育科の運動に関する領域においては,公正や協力などを,育成する「態度」として学習指導要領に位置付けており,各教科等の目標や内容に対応した学習評価が行われることとされている。

①，②については，第2編において詳述する。同様に，【観点ごとのポイント】についても，第2編に各教科等において示している。

（4）評価の計画を立てることの重要性

学習指導のねらいが児童生徒の学習状況として実現されたかについて，評価規準に照らして観察し，毎時間の授業で適宜指導を行うことは，育成を目指す資質・能力を児童生徒に育むためには不可欠である。その上で，評価規準に照らして，観点別学習状況の評価をするための記録を取ることになる。そのためには，いつ，どのような方法で，児童生徒について観点別学習状況を評価するための記録を取るのかについて，評価の計画を立てることが引き続き大切である。

毎時間児童生徒全員について記録を取り，総括の資料とするために蓄積することは現実的ではないことからも，児童生徒全員の学習状況を記録に残す場面を精選し，かつ適切に評価するための評価の計画が一層重要になる。

（5）観点別学習状況の評価に係る記録の総括

適切な評価の計画の下に得た，児童生徒の観点別学習状況の評価に係る記録の総括の時期としては，単元（題材）末，学期末，学年末等の節目が考えられる。

総括を行う際，観点別学習状況の評価に係る記録が，観点ごとに複数ある場合は，例えば，次のような方法が考えられる。

・ **評価結果のＡ，Ｂ，Ｃの数を基に総括する場合**

何回か行った評価結果のＡ，Ｂ，Ｃの数が多いものが，その観点の学習の実施状況を最もよく表現しているとする考え方に立つ総括の方法である。例えば，3回評価を行った結果が「ＡＢＢ」ならばＢと総括することが考えられる。なお，「ＡＡＢＢ」の総括結果をＡとするかＢとするかなど，同数の場合や三つの記号が混在する場合の総括の仕方をあらかじめ各学校において決めておく必要がある。

・ **評価結果のＡ，Ｂ，Ｃを数値に置き換えて総括する場合**

何回か行った評価結果Ａ，Ｂ，Ｃを，例えばＡ＝3，Ｂ＝2，Ｃ＝1のように数値によって表し，合計したり平均したりする総括の方法である。例えば，総括の結果をＢとする範囲を［2.5≧平均値≧1.5］とすると，「ＡＢＢ」の平均値は，約2.3［（3＋2＋2）÷3］で総括の結果はＢとなる。

なお，評価の各節目のうち特定の時点に重きを置いて評価を行う場合など，この例のような平均値による方法以外についても様々な総括の方法が考えられる。

（6）観点別学習状況の評価の評定への総括

評定は，各教科の観点別学習状況の評価を総括した数値を示すものである。評定は，児童生徒がどの教科の学習に望ましい学習状況が認められ，どの教科の学習に課題が

認められるのかを明らかにすることにより，教育課程全体を見渡した学習状況の把握と指導や学習の改善に生かすことを可能とするものである。

評定への総括は，学期末や学年末などに行われることが多い。学年末に評定へ総括する場合には，学期末に総括した評定の結果を基にする場合と，学年末に観点ごとに総括した結果を基にする場合が考えられる。

観点別学習状況の評価の評定への総括は，各観点の評価結果をＡ，Ｂ，Ｃの組合せ，又は，Ａ，Ｂ，Ｃを数値で表したものに基づいて総括し，その結果を小学校では３段階，中学校では５段階で表す。

Ａ，Ｂ，Ｃの組合せから評定に総括する場合，各観点とも同じ評価がそろう場合は，小学校については，「ＢＢＢ」であれば２を基本としつつ，「ＡＡＡ」であれば３，「ＣＣＣ」であれば１とするのが適当であると考えられる。中学校については，「ＢＢＢ」であれば３を基本としつつ，「ＡＡＡ」であれば５又は４，「ＣＣＣ」であれば２又は１とするのが適当であると考えられる。それ以外の場合は，各観点のＡ，Ｂ，Ｃの数の組合せから適切に評定することができるようあらかじめ各学校において決めておく必要がある。

なお，観点別学習状況の評価結果は，「十分満足できる」状況と判断されるものをＡ，「おおむね満足できる」状況と判断されるものをＢ，「努力を要する」状況と判断されるものをＣのように表されるが，そこで表された学習の実現状況には幅があるため，機械的に評定を算出することは適当ではない場合も予想される。

また，評定は，小学校については，小学校学習指導要領等に示す各教科の目標に照らして，その実現状況を「十分満足できる」状況と判断されるものを３，「おおむね満足できる」状況と判断されるものを２，「努力を要する」状況と判断されるものを１，中学校については，中学校学習指導要領等に示す各教科の目標に照らして，その実現状況を「十分満足できるもののうち，特に程度が高い」状況と判断されるものを５，「十分満足できる」状況と判断されるものを４，「おおむね満足できる」状況と判断されるものを３，「努力を要する」状況と判断されるものを２，「一層努力を要する」状況と判断されるものを１という数値で表される。しかし，この数値を児童生徒の学習状況について三つ（小学校）又は五つ（中学校）に分類したものとして捉えるのではなく，常にこの結果の背景にある児童生徒の具体的な学習の実現状況を思い描き，適切に捉えることが大切である。評定への総括に当たっては，このようなことも十分に検討する必要がある[13]。

なお，各学校では観点別学習状況の評価の観点ごとの総括及び評定への総括の考え

---

[13] 改善等通知では，「評定は各教科の学習の状況を総括的に評価するものであり，『観点別学習状況』において掲げられた観点は，分析的な評価を行うものとして，各教科の評定を行う場合において基本的な要素となるものであることに十分留意する。その際，評定の適切な決定方法等については，各学校において定める。」と示されている。（P.7，8参照）

方や方法について，教師間で共通理解を図り，児童生徒及び保護者に十分説明し理解を得ることが大切である。

2　総合的な学習の時間における評価規準の作成及び評価の実施等について
（1）総合的な学習の時間の「評価の観点」について

平成29年改訂学習指導要領では，各教科等の目標や内容を「知識及び技能」，「思考力，判断力，表現力等」，「学びに向かう力，人間性等」の資質・能力の三つの柱で再整理しているが，このことは総合的な学習の時間においても同様である。

総合的な学習の時間においては，学習指導要領が定める目標を踏まえて各学校が目標や内容を設定するという総合的な学習の時間の特質から，各学校が観点を設定するという枠組みが維持されている。一方で，各学校が目標や内容を定める際には，学習指導要領において示された以下について考慮する必要がある。

【各学校において定める目標】

・　各学校において定める目標については，各学校における教育目標を踏まえ，総合的な学習の時間を通して育成を目指す資質・能力を示すこと。　　　　（第2の3(1)）

総合的な学習の時間を通して育成を目指す資質・能力を示すとは，各学校における教育目標を踏まえて，各学校において定める目標の中に，この時間を通して育成を目指す資質・能力を，三つの柱に即して具体的に示すということである。

【各学校において定める内容】

・　探究課題の解決を通して育成を目指す具体的な資質・能力については，次の事項に配慮すること。

ア　知識及び技能については，他教科等及び総合的な学習の時間で習得する知識及び技能が相互に関連付けられ，社会の中で生きて働くものとして形成されるようにすること。

イ　思考力，判断力，表現力等については，課題の設定，情報の収集，整理・分析，まとめ・表現などの探究的な学習の過程において発揮され，未知の状況において活用できるものとして身に付けられるようにすること。

ウ　学びに向かう力，人間性等については，自分自身に関すること及び他者や社会との関わりに関することの両方の視点を踏まえること。　　　　（第2の3(6)）

各学校において定める内容について，今回の改訂では新たに，「目標を実現するにふさわしい探究課題」，「探究課題の解決を通して育成を目指す具体的な資質・能力」の二つを定めることが示された。「探究課題の解決を通して育成を目指す具体的な資質・能力」とは，各学校において定める目標に記された資質・能力を，各探究課題に即して具体的に示したものであり，教師の適切な指導の下，児童生徒が各探究課題の解決に取り組む中で，育成することを目指す資質・能力のことである。この具体的な資質・能力も，「知識及び技能」，「思考力，判断力，表現力等」，「学びに向かう力，人間性等」という

資質・能力の三つの柱に即して設定していくことになる。

このように，各学校において定める目標と内容には，三つの柱に沿った資質・能力が明示されることになる。

したがって，資質・能力の三つの柱で再整理した新学習指導要領の下での指導と評価の一体化を推進するためにも，評価の観点についてこれらの資質・能力に関わる「知識・技能」，「思考・判断・表現」，「主体的に学習に取り組む態度」の3観点に整理し示したところである。

（2）総合的な学習の時間の「内容のまとまり」の考え方

学習指導要領の第2の2では，「各学校においては，第1の目標を踏まえ，各学校の総合的な学習の時間の内容を定める。」とされており，各教科のようにどの学年で何を指導するのかという内容を明示していない。これは，各学校が，学習指導要領が定める目標の趣旨を踏まえて，地域や学校，児童生徒の実態に応じて，創意工夫を生かした内容を定めることが期待されているからである。

この内容の設定に際しては，前述したように「目標を実現するにふさわしい探究課題」，「探究課題の解決を通して育成を目指す具体的な資質・能力」の二つを定めることが示され，探究課題としてどのような対象と関わり，その探究課題の解決を通して，どのような資質・能力を育成するのかが内容として記述されることになる。（図7参照）

図7

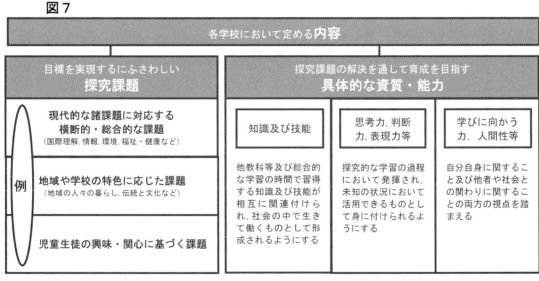

本参考資料第1編第2章の1（2）では，「内容のまとまり」について，「学習指導要領に示す各教科等の『第2　各学年の目標及び内容　2　内容』の項目等をそのまとまりごとに細分化したり整理したりしたもので，『内容のまとまり』ごとに育成を目指す資質・能力が示されている」と説明されている。

したがって，総合的な学習の時間における「内容のまとまり」とは，全体計画に示した「目標を実現するにふさわしい探究課題」のうち，一つ一つの探究課題とその探究課題に応じて定めた具体的な資質・能力と考えることができる。

（3）「内容のまとまりごとの評価規準」を作成する際の基本的な手順

　　総合的な学習の時間における，「内容のまとまりごとの評価規準」を作成する際の基本的な手順は以下のとおりである。

> ①　各学校において定めた目標（第2の1）と「評価の観点及びその趣旨」を確認する。

> ②　各学校において定めた内容の記述（「内容のまとまり」として探究課題ごとに作成した「探究課題の解決を通して育成を目指す具体的な資質・能力」）が，観点ごとにどのように整理されているかを確認する。

> ③【観点ごとのポイント】を踏まえ，「内容のまとまりごとの評価規準」を作成する。

3　特別活動の「評価の観点」とその趣旨，並びに評価規準の作成及び評価の実施等について

（1）特別活動の「評価の観点」とその趣旨について

　　特別活動においては，改善等通知において示されたように，特別活動の特質と学校の創意工夫を生かすということから，設置者ではなく，「各学校で評価の観点を定める」ものとしている。本参考資料では「評価の観点」とその趣旨の設定について示している。

（2）特別活動の「内容のまとまり」

　　小学校においては，学習指導要領の内容の〔学級活動〕「（1）学級や学校における生活づくりへの参画」，「（2）日常の生活や学習への適応と自己の成長及び健康安全」，「（3）一人一人のキャリア形成と自己実現」，〔児童会活動〕，〔クラブ活動〕，〔学校行事〕（1）儀式的行事，（2）文化的行事，（3）健康安全・体育的行事，（4）遠足・集団宿泊的行事，（5）勤労生産・奉仕的行事を「内容のまとまり」とした。

　　中学校においては，学習指導要領の内容の〔学級活動〕「（1）学級や学校における生活づくりへの参画」，「（2）日常の生活や学習への適応と自己の成長及び健康安全」，「（3）一人一人のキャリア形成と自己実現」，〔生徒会活動〕，〔学校行事〕（1）儀式的行事，（2）文化的行事，（3）健康安全・体育的行事，（4）旅行・集団宿泊的行事，（5）勤労生産・奉仕的行事を「内容のまとまり」とした。

（3）特別活動の「評価の観点」とその趣旨，並びに「内容のまとまりごとの評価規準」を作成する際の基本的な手順

　　各学校においては，学習指導要領に示された特別活動の目標及び内容を踏まえ，自校の実態に即し，改善等通知の例示を参考に観点を作成する。その際，例えば，特別活動の特質や学校として重点化した内容を踏まえて，具体的な観点を設定することが考えられる。

　また，学習指導要領解説では，各活動・学校行事の内容ごとに育成を目指す資質・能力が例示されている。そこで，学習指導要領で示された「各活動・学校行事の目標」及び学習指導要領解説で例示された「資質・能力」を確認し，各学校の実態に合わせて育成を目指す資質・能力を重点化して設定する。

　次に，各学校で設定した，各活動・学校行事で育成を目指す資質・能力を踏まえて，「内容のまとまりごとの評価規準」を作成する。その際，小学校の学級活動においては，学習指導要領で示した「各学年段階における配慮事項」や，学習指導要領解説に示した「発達の段階に即した指導のめやす」を踏まえて，低・中・高学年ごとに評価規準を作成することが考えられる。基本的な手順は以下のとおりである。

①　学習指導要領の「特別活動の目標」と改善等通知を確認する。
②　学習指導要領の「特別活動の目標」と自校の実態を踏まえ，改善等通知の例示を参考に，特別活動の「評価の観点」とその趣旨を設定する。
③　学習指導要領の「各活動・学校行事の目標」及び学習指導要領解説特別活動編（平成29年7月）で例示した「各活動・学校行事における育成を目指す資質・能力」を参考に，各学校において育成を目指す資質・能力を重点化して設定する。
④　【観点ごとのポイント】を踏まえ，「内容のまとまりごとの評価規準」を作成する。

（参考）平成 23 年「評価規準の作成，評価方法等の工夫改善のための参考資料」からの変更点について

　今回作成した本参考資料は，平成 23 年の「評価規準の作成，評価方法等の工夫改善のための参考資料」を踏襲するものであるが，以下のような変更点があることに留意が必要である[14]。

　まず，平成 23 年の参考資料において使用していた「評価規準に盛り込むべき事項」や「評価規準の設定例」については，報告において「現行の参考資料のように評価規準を詳細に示すのではなく，各教科等の特質に応じて，学習指導要領の規定から評価規準を作成する際の手順を示すことを基本とする」との指摘を受け，第 2 編において示すことを改め，本参考資料の第 3 編における事例の中で，各教科等の事例に沿った評価規準を例示したり，その作成手順等を紹介したりする形に改めている。

　次に，本参考資料の第 2 編に示す「内容のまとまりごとの評価規準」は，平成 23 年の「評価規準の作成，評価方法等の工夫改善のための参考資料」において示した「評価規準に盛り込むべき事項」と作成の手順を異にする。具体的には，「評価規準に盛り込むべき事項」は，平成 20 年改訂学習指導要領における各教科等の目標，各学年（又は分野）の目標及び内容の記述を基に，学習評価及び指導要録の改善通知で示している各教科等の評価の観点及びその趣旨，学年（又は分野）別の評価の観点の趣旨を踏まえて作成したものである。

　また，平成 23 年の参考資料では「評価規準に盛り込むべき事項」をより具体化したものを「評価規準の設定例」として示している。「評価規準の設定例」は，原則として，学習指導要領の各教科等の目標，学年（又は分野）別の目標及び内容のほかに，当該部分の学習指導要領解説（文部科学省刊行）の記述を基に作成していた。他方，本参考資料における「内容のまとまりごとの評価規準」については，平成 29 年改訂の学習指導要領の目標及び内容が育成を目指す資質・能力に関わる記述で整理されたことから，既に確認のとおり，そこでの「内容のまとまり」ごとの記述を，文末を変換するなどにより評価規準とすることを可能としており，学習指導要領の記載と表裏一体をなす関係にあると言える。

　さらに，「主体的に学習に取り組む態度」の「各教科等・各学年等の評価の観点の趣旨」についてである。前述のとおり，従前の「関心・意欲・態度」の観点から「主体的に学習に取り組む態度」の観点に改められており，「主体的に学習に取り組む態度」の観点に関しては各学年（又は分野）の「1　目標」を参考にしつつ，必要に応じて，改善等通知別紙 4 に示された学年（又は分野）別の評価の観点の趣旨のうち「主体的に学習に取り組む態度」に関わる部分を用いて「内容のまとまりごとの評価規準」を作成する必要がある。

---

[14] 特別活動については，これまでも三つの観点に基づいて児童生徒の資質・能力の育成を目指し，指導に生かしてきたところであり，上記の変更点に該当するものではないことに留意が必要である。

報告にあるとおり,「主体的に学習に取り組む態度」は,現行の「関心・意欲・態度」の観点の本来の趣旨であった,各教科等の学習内容に関心をもつことのみならず,よりよく学ぼうとする意欲をもって学習に取り組む態度を評価することを改めて強調するものである。また,本観点に基づく評価としては,「主体的に学習に取り組む態度」に係る各教科等の評価の観点の趣旨に照らし,

① 知識及び技能を獲得したり,思考力,判断力,表現力等を身に付けたりすることに向けた粘り強い取組を行おうとする側面と,

② ①の粘り強い取組を行う中で,自らの学習を調整しようとする側面,

という二つの側面を評価することが求められるとされた[15]。

以上の点から,今回の改善等通知で示した「主体的に学習に取り組む態度」の「各教科等・各学年等の評価の観点の趣旨」は,平成22年通知で示した「関心・意欲・態度」の「各教科等・各学年等の評価の観点の趣旨」から改められている。

---

[15] 各教科等によって,評価の対象に特性があることに留意する必要がある。例えば,体育・保健体育科の運動に関する領域においては,公正や協力などを,育成する「態度」として学習指導要領に位置付けており,各教科等の目標や内容に対応した学習評価が行われることとされている。

第２編

「内容のまとまりごとの評価規準」
を作成する際の手順

1 中学校保健体育科の「内容のまとまり」

中学校保健体育科における「内容のまとまり」は，以下のようになっている。

〔体育分野　第1学年及び第2学年〕
  A　体つくり運動
  B　器械運動
  C　陸上競技
  D　水泳
  E　球技
  F　武道
  G　ダンス
  H　体育理論　(1)運動やスポーツの多様性
  　　　　　　 (2)運動やスポーツの意義や効果と学び方や安全な行い方

〔体育分野　第3学年〕
  A　体つくり運動
  B　器械運動
  C　陸上競技
  D　水泳
  E　球技
  F　武道
  G　ダンス
  H　体育理論　(1)文化としてのスポーツの意義

〔保健分野〕
  (1) 健康な生活と疾病の予防
  (2) 心身の機能の発達と心の健康
  (3) 傷害の防止
  (4) 健康と環境

2　中学校保健体育科における「内容のまとまりごとの評価規準」作成の手順

　　ここでは，〔体育分野〕第1学年及び第2学年「E　球技」，〔保健分野〕第2学年「(3) 傷害の防止」を取り上げて，「内容のまとまりごとの評価規準」作成の手順を説明する。

　　まず，学習指導要領に示された教科及び学年，分野の目標を踏まえて，「評価の観点及びその趣旨」が作成されていることを理解する。その上で，①及び②の手順を踏む。

＜例1　〔体育分野〕第1学年及び第2学年「E　球技」＞

【中学校学習指導要領 第2章 第7節　保健体育　第1 目標】

　体育や保健の見方・考え方を働かせ，課題を発見し，合理的な解決に向けた学習過程を通して，心と体を一体として捉え，生涯にわたって心身の健康を保持増進し豊かなスポーツライフを実現するための資質・能力を次のとおり育成することを目指す。

（1）	（2）	（3）
各種の運動の特性に応じた技能等及び個人生活における健康・安全について理解するとともに，基本的な技能を身に付けるようにする。	運動や健康についての自他の課題を発見し，合理的な解決に向けて思考し判断するとともに，他者に伝える力を養う。	生涯にわたって運動に親しむとともに健康の保持増進と体力の向上を目指し，明るく豊かな生活を営む態度を養う。

（中学校学習指導要領 P.115）

【改善等通知 別紙4　体育・保健体育（1）評価の観点及びその趣旨＜中学校保健体育＞】

知識・技能	思考・判断・表現	主体的に学習に取り組む態度
運動の合理的な実践に関する具体的な事項や生涯にわたって運動を豊かに実践するための理論について理解しているとともに，運動の特性に応じた基本的な技能を身に付けている。また，個人生活における健康・安全について科学的に理解しているとともに，基本的な技能を身に付けている。	自己や仲間の課題を発見し，合理的な解決に向けて，課題に応じた運動の取り組み方や目的に応じた運動の組み合わせ方を工夫しているとともに，それらを他者に伝えている。また，個人生活における健康に関する課題を発見し，その解決を目指して科学的に思考し判断しているとともに，それらを他者に伝えている。	運動の楽しさや喜びを味わうことができるよう，運動の合理的な実践に自主的に取り組もうとしている。また，健康を大切にし，自他の健康の保持増進や回復についての学習に自主的に取り組もうとしている。

（改善等通知　別紙4　P.19）

【中学校学習指導要領 第２章 第７節　保健体育「第２ 各学年の目標及び内容」

〔体育分野　第１学年及び第２学年〕　１ 目標】

（１）	（２）	（３）
運動の合理的な実践を通して，運動の楽しさや喜びを味わい，運動を豊かに実践することができるようにするため，運動，体力の必要性について理解するとともに，基本的な技能を身に付けるようにする。	運動についての自己の課題を発見し，合理的な解決に向けて思考し判断するとともに，自己や仲間の考えたことを他者に伝える力を養う。	運動における競争や協働の経験を通して，公正に取り組む，互いに協力する，自己の役割を果たす，一人一人の違いを認めようとするなどの意欲を育てるとともに，健康・安全に留意し，自己の最善を尽くして運動をする態度を養う。

（中学校学習指導要領 P.115）

【改善等通知 別紙４　体育・保健体育（２）学年・分野別の評価の観点の趣旨

＜中学校　保健体育＞第１学年及び第２学年】

知識・技能	思考・判断・表現	主体的に学習に取り組む態度
各運動の特性や成り立ち，技の名称や行い方，伝統的な考え方，各領域に関連して高まる体力，健康・安全の留意点についての具体的な方法及び運動やスポーツの多様性，運動やスポーツの意義や効果と学び方や安全な行い方についての考え方を理解しているとともに，各領域の運動の特性に応じた基本的な技能を身に付けている。	運動を豊かに実践するための自己の課題を発見し，合理的な解決に向けて，課題に応じた運動の取り組み方や目的に応じた運動の組み合わせ方を工夫しているとともに，それらを他者に伝えている。	運動の楽しさや喜びを味わうことができるよう，公正，協力，責任，共生などに対する意欲をもち，健康・安全に留意して，学習に積極的に取り組もうとしている。

（改善等通知　別紙４　P.20）

①　各教科における「内容のまとまり」と「評価の観点」との関係を確認する。

E　球　技

　　球技について，次の事項を身に付けることができるよう指導する。

(1) 次の運動について，勝敗を競う楽しさや喜びを味わい，球技の特性や成り立ち，技術の名称や行い方，その運動に関連して高まる体力などを理解するとともに，基本的な技能や仲間と連携した動きでゲームを展開すること。

　　ア　ゴール型では，ボール操作と空間に走り込むなどの動きによってゴール前での攻防をすること。

　　イ　ネット型では，ボールや用具の操作と定位置に戻るなどの動きによって空いた場所をめぐる攻防をすること。

　　ウ　ベースボール型では，基本的なバット操作と走塁での攻撃，ボール操作と定位置での守備などによって攻防をすること。

(2) 攻防などの自己の課題を発見し，合理的な解決に向けての運動の取り組み方を工夫するとともに，自己や仲間の考えたことを他者に伝えること。

(3) 球技に積極的に取り組むとともに，フェアなプレイを守ろうとすること，作戦などについての話合いに参加しようとすること，一人一人の違いに応じたプレイなどを認めようとすること，仲間の学習を援助しようとすることなどや，健康・安全に気を配ること。

（下線）…知識及び技能に関する内容
（波線）…思考力，判断力，表現力等に関する内容
（破線）…学びに向かう力，人間性等に関する内容

② 【観点ごとのポイント】を踏まえ，「内容のまとまりごとの評価規準」を作成する。

（1）「内容のまとまりごとの評価規準」を作成する際の【観点ごとのポイント】

○「知識・技能」のポイント

・学習指導要領の(1)の文章中，「知識」について該当する箇所は「球技の特性や成り立ち，（略）について理解する」の部分であり，「技能」について該当する箇所は，各型（領域の内容）の技能の指導内容を示した「ア，イ，ウ」の部分である。

・「知識」については，学習指導要領の(1)で育成を目指す資質・能力に該当する指導内容について，その文末を「〜について理解している」として，評価規準を作成する。

・「技能」については，学習指導要領の(1)で育成を目指す資質・能力に該当する各型（領域の内容）の技能の指導内容について，その文末を「〜できる」として，評価規準を作成する。

○「思考・判断・表現」のポイント

・学習指導要領の(2)で育成を目指す資質・能力に該当する指導内容について，その文末を「〜課題を発見し，〜を工夫するとともに，〜を他者に伝えている」として，評価規準を作成する。

○「主体的に学習に取り組む態度」のポイント

・学習指導要領の(3)で育成を目指す資質・能力に該当する指導内容について，その文末を「〜している」として，評価規準を作成する。

（2）学習指導要領の「2　内容」 及び 「内容のまとまりごとの評価規準（例）」

球技について，次の事項を身に付けることができるよう指導する。		
知識及び技能	思考力，判断力，表現力等	学びに向かう力，人間性等
（1）次の運動について，勝敗を競う楽しさや喜びを味わい，球技の特性や成り立ち，技術の名称や行い方，その運動に関連して高まる体力などを理解するとともに，基本的な技能や仲間と連携した動きでゲームを展開すること。 ア　ゴール型では，ボール操作と空間に走り込むなどの動きによってゴール前での攻防をすること。 イ　ネット型では，ボールや用具の操作と定位置に戻るなどの動きによって空いた場所をめぐる攻防をすること。 ウ　ベースボール型では，基本的なバット操作と走塁での攻撃，ボール操作と定位置での守備などによって攻防をすること。	（2）攻防などの自己の課題を発見し，合理的な解決に向けて運動の取り組み方を工夫するとともに，自己や仲間の考えたことを他者に伝えること。	（3）球技に積極的に取り組むとともに，フェアなプレイを守ろうとすること，作戦などについての話合いに参加しようとすること，一人一人の違いに応じたプレイなどを認めようとすること，仲間の学習を援助しようとすることなどや，健康・安全に気を配ること。

左欄外（縦書き）：学習指導要領　2　内容

	知識・技能	思考・判断・表現	主体的に学習に取り組む態度
内容のまとまりごとの評価規準 例	○知識 ・球技の特性や成り立ち,技術の名称や行い方,その運動に関連して高まる体力などについて理解している。 ○技能 ・ゴール型では,ボール操作と空間に走り込むなどの動きによってゴール前での攻防をすることができる。 ・ネット型では,ボールや用具の操作と定位置に戻るなどの動きによって空いた場所をめぐる攻防をすることができる。 ・ベースボール型では,基本的なバット操作と走塁での攻撃,ボール操作と定位置での守備などによって攻防をすることができる。	・攻防などの自己の課題を発見し,合理的な解決に向けて運動の取り組み方を工夫するとともに,自己や仲間の考えたことを他者に伝えている。	・球技に積極的に取り組むとともに,フェアなプレイを守ろうとすること,作戦などについての話合いに参加しようとすること,一人一人の違いに応じたプレイなどを認めようとすること,仲間の学習を援助しようとすることなどをしたり,健康・安全に気を配ったりしている。

＜例２　〔保健分野〕第２学年「(3) 傷害の防止」＞

【中学校学習指導要領 第２章 第７節　体育「第１ 目標」】及び【改善等通知 別紙４　体育・保健体育（１）評価の観点及びその趣旨　＜中学校　保健体育＞】

＜例１＞と同様のため省略

【中学校学習指導要領 第２章 第７節 保健体育「第２ 各学年の目標及び内容」

〔保健分野〕　１目標】

（１）	（２）	（３）
個人生活における健康・安全について理解するとともに，基本的な技能を身に付けるようにする。	健康についての自他の課題を発見し，よりよい解決に向けて思考し判断するとともに，他者に伝える力を養う。	生涯を通じて心身の健康の保持増進を目指し，明るく豊かな生活を営む態度を養う。

(中学校学習指導要領 P.126)

【改善等通知 別紙４　体育・保健体育（２）学年・分野別の評価の観点の趣旨

＜中学校　保健体育＞　保健分野】

知識・技能	思考・判断・表現	主体的に学習に取り組む態度
健康な生活と疾病の予防，心身の機能の発達と心の健康，傷害の防止，健康と環境について，個人生活を中心として科学的に理解しているとともに，基本的な技能を身に付けている。	健康な生活と疾病の予防，心身の機能の発達と心の健康，傷害の防止，健康と環境について，個人生活における健康に関する課題を発見し，その解決を目指して科学的に思考し判断しているとともに，それらを他者に伝えている。	健康な生活と疾病の予防，心身の機能の発達と心の健康，傷害の防止，健康と環境について，自他の健康の保持増進や回復についての学習に自主的に取り組もうとしている。

(改善等通知　別紙４　P.21)

① 各教科における「内容のまとまり」と「評価の観点」との関係を確認する。

〔保健分野〕
(3) 傷害の防止

(3) 傷害の防止について，課題を発見し，その解決を目指した活動を通して，次の事項を身に付けることができるよう指導する。

　ア　傷害の防止について理解を深めるとともに，応急手当をすること。

　　(ア)　交通事故や自然災害などによる傷害は，人的要因や環境要因などが関わって発生すること。

　　(イ)　交通事故などによる傷害の多くは，安全な行動，環境の改善によって防止できること。

　　(ウ)　自然災害による傷害は，災害発生時だけでなく，二次災害によっても生じること。また，自然災害による傷害の多くは，災害に備えておくこと，安全に避難することによって防止できること。

　　(エ)　応急手当を適切に行うことによって，傷害の悪化を防止することができること。また，心肺蘇生法などを行うこと。

　イ　傷害の防止について，危険の予測やその回避の方法を考え，それらを表現すること。

(下線)…知識及び技能に関する内容   　(波線)…思考力，判断力，表現力等に関する内容

② 【観点ごとのポイント】を踏まえ，「内容のまとまりごとの評価規準」を作成する。

（1）「内容のまとまりごとの評価規準」を作成する際の【観点ごとのポイント】

　ここでは，保健体育科の特質を踏まえた手順を保健分野，「(3) 傷害の防止」の「内容のまとまり」を取り上げて解説する。

○「知識・技能」のポイント

・「知識」については，学習指導要領の内容「ア　傷害の防止について理解を深めるとともに，応急手当をすること。」のうち「傷害の防止について理解を深める」と示している部分が該当し，評価規準は，その文末を「〜について理解している」として作成することができる。

・「技能」については，「応急手当をすること」の部分が該当し，評価規準はその文末を「〜についての技能を身に付けている」として作成することができる。

○「思考・判断・表現」のポイント

・「思考・判断」については，学習指導要領の内容「イ　傷害の防止について，危険の予測やその回避の方法を考え，それらを表現すること。」のうち，「危険の予測やその回避の方法を考え」と示している部分が該当し，評価規準は「傷害の防止について，危険の予測やその回避の方法を考えている。」として作成することができる。

・「表現」については，「それらを表現すること」と示している部分が相当し，評価規準は「傷害の防止について，考えたことを表現している」として作成することができる。

○「主体的に学習に取り組む態度」のポイント

・保健分野では，学習指導要領の内容に「学びに向かう力，人間性等」に関する内容が示されていないことから，「主体的に学習に取り組む態度」については，保健分野の目標である「生涯を通じて心身の健康の保持増進を目指し，明るく豊かな生活を営む態度を養う」と示している部分を参考にする。評価規準は，保健分野の目標である「明るく豊かな生活を営む態度を養う」を踏まえて，「傷害の防止についての学習に自主的に取り組もうとしている。」として作成することができる。

（2）学習指導要領の「2　内容」 及び 「内容のまとまりごとの評価規準（例）」

学習指導要領　2　内容	傷害の防止について，課題を発見し，その解決を目指した活動を通して，次の事項を身に付けることができるよう指導する。		
	知識及び技能	思考力，判断力，表現力等	学びに向かう力，人間性等
	ア　傷害の防止について理解を深めるとともに，応急手当をすること。 （ア）交通事故や自然災害などによる傷害は，人的要因や環境要因などが関わって発生すること。 （イ）交通事故などによる傷害の多くは，安全な行動，環境の改善によって防止できること。 （ウ）自然災害による傷害は，災害発生時だけでなく，二次災害によっても生じること。また，自然災害による傷害の多くは，災害に備えておくこと，安全に避難することによって防止できること。 （エ）応急手当を適切に行うことによって，傷害の悪化を防止することができること。また，心肺蘇生法などを行うこと。	イ　傷害の防止について，危険の予測やその回避の方法を考え，それらを表現すること。	※内容には，学びに向かう力，人間性等について示されていないことから，保健分野の目標(3)を参考にする。

- 37 -

	知識・技能	思考・判断・表現	主体的に学習に取り組む態度
内容のまとまりごとの評価規準例	・交通事故や自然災害などによる傷害は，人的要因や環境要因などが関わって発生することを理解している。 ・交通事故などによる傷害の多くは，安全な行動，環境の改善によって防止できることを理解している。 ・自然災害による傷害は，災害発生時だけでなく，二次災害によっても生じること。また，自然災害による傷害の多くは，災害に備えておくこと，安全に避難することによって防止できることを理解している。 ・応急手当を適切に行うことによって，傷害の悪化を防止することができることを理解しているとともに，心肺蘇生法などの技能を身に付けている。	・傷害の防止について，危険の予測やその回避の方法を考えているとともに，それらを表現している。	・傷害の防止についての学習に自主的に取り組もうとしている。 ※必要に応じて学年・分野別の評価の観点の趣旨（「主体的に学習に取り組む態度」に関わる部分）等を用いて作成する。

第３編

単元ごとの学習評価について

（事例）

第1章 「内容のまとまりごとの評価規準」の考え方を踏まえた評価規準の作成

1 本編事例における学習評価の進め方について

　単元における観点別学習状況の評価を実施するに当たり，まずは年間の指導と評価の計画を確認することが重要である。その上で，学習指導要領の目標や内容，「内容のまとまりごとの評価規準」の考え方等を踏まえ，以下のように進めることが考えられる。なお，複数の単元にわたって評価を行う場合など，以下の方法によらない事例もあることに留意する必要がある。

評価の進め方	留意点
1 単元の目標を作成する	○ 学習指導要領の目標や内容，学習指導要領解説等を踏まえて作成する。 ○ 生徒の実態，前単元までの学習状況等を踏まえて作成する。 ※ 単元の目標及び評価規準の関係性（イメージ）については下図参照

単元の目標及び評価規準の関係性について（イメージ図）

学習指導要領　　第1編第2章1（2）を参照
「内容のまとまりごとの評価規準」
学習指導要領解説等を参考に，各学校において授業で育成を目指す資質・能力を明確化
「内容のまとまりごとの評価規準」の考え方等を踏まえて作成
単元の目標　　第3編第1章2を参照
単元の評価規準
※ 外国語科及び外国語活動においてはこの限りではない。

評価の進め方	留意点
2 単元の評価規準を作成する	
3 「指導と評価の計画」を作成する	○ 1，2を踏まえ，評価場面や評価方法等を計画する。 ○ どのような評価資料（生徒の反応やノート，ワークシート，作品等）を基に，「おおむね満足できる」状況（B）と評価するかを考えたり，「努力を要する」状況（C）への手立て等を考えたりする。
授業を行う	○ 3に沿って観点別学習状況の評価を行い，生徒の学習改善や教師の指導改善につなげる。
4 観点ごとに総括する	○ 集めた評価資料やそれに基づく評価結果などから，観点ごとの総括的評価（A，B，C）を行う。

2　単元の評価規準の作成のポイント

　保健体育科においては，体育分野と保健分野で示された内容について，相互の関連が図られるよう指導計画を作成するとともに，指導の充実に努めることが重要である。

　また，各学校で指導計画を作成するに当たっては，生徒や各学校の実態に応じて実際の授業を構想し，中学校の３学年間を見通した上で目標や内容を的確に定めることが求められる。このことから，学習指導要領の目標や内容等の考え方を踏まえながら，単元の目標や内容とともに，「単元の評価規準」を作成しておく必要がある。

　学習指導要領に示されている各教科等の「第２　各学年の目標及び内容」の「２　内容」から「内容のまとまりごとの評価規準」は作成されるが，ここでは学習指導要領解説等を基にした「単元の評価規準」の作成のポイントを説明する。

【体育分野】

（１）本事例における「単元」の考え方

　答申では「単元とは，各教科等において，一定の目標や主題を中心として組織された学習内容の有機的な一まとまりのこと」としている。

　本事例においては，例えば，表１における①〜⑤は，同じ「球技」の「内容のまとまり」であるが，それぞれ８時間から12時間のまとまりをもつ「単元」とした。

表１：年間指導計画（例）

（２）体育分野における「単元の評価規準（学習活動に即した評価規準）」（以下「単元の評価規準」という。）の考え方

　体育分野においては，従前，「単元の評価規準」をもとに，さらに「学習活動に即した評価規準」を作成する事例を示してきたが，本参考資料では，「学習活動に即した評価規準」を別途提示せず，「単元の評価規準」として表記することとした。

これは，本参考資料における「単元の評価規準」は，第2編で示されている「内容のまとまり」ごとに学習指導要領解説の例示（以下「例示」という。）を基にして作成した全ての「単元の評価規準」から，各学校において選択したり，実際の授業にあわせてより具体的に作成したりするものとした点を踏まえると，従前の「学習活動に即した評価規準」と同じ性質をもつものと言えるためである。

また，体育分野では指導内容を一層明確にするため，学習指導要領解説において，第1学年及び第2学年と第3学年の「内容のまとまり」ごとに，「知識及び技能」，「思考力，判断力，表現力等」，「学びに向かう力，人間性等」の指導内容の全てに例示が示された。

このことから，本参考資料においては基本的にこれらの例示をもとに，各学校において「単元の評価規準」等を作成するに当たっての参考例を紹介する。

（3）「単元の評価規準」作成の手順

各単元の指導内容については，カリキュラム・マネジメント充実の視点から，各学年（間）の「内容のまとまり」全体の指導内容を俯瞰しつつ，当該単元において，これを重点化することが重要である。特に，資質・能力の三つの柱に示された指導内容が，「内容のまとまり」の中でバランスよく配置されるように工夫する必要がある。（P.55　事例1　図1参照）

「単元の評価規準」についても，当該単元において各学校で設定された目標及び指導内容に対する評価規準を作成することになるため，あらかじめ，「内容のまとまり」ごとに，例示をもとにした，全ての「単元の評価規準」を作成しておくことが考えられる。

ただし，学習指導要領解説において，「例示（「体つくり運動」は，行い方の例，組合せ方の例及び例示）は，各領域で取り上げることが効果的な指導事項の具体例を重点化して示しているが，各領域で設定する時間数，学校や地域の実態及び生徒の特性等に応じて，内容のまとまりごとに更に重点化を図る」ことや「例示を取り上げる際には，単元のまとまりごとに更に重点化を図るなど，指導事項を効果的に振り分ける」ことが求められていることにも留意する。

【手順1】全ての「単元の評価規準」を作成する

カリキュラム・マネジメント充実の視点から，第1学年及び第2学年，第3学年の「内容のまとまり」ごとに，例示の文末を変えるなどして，全ての「単元の評価規準」を作成しておく。

※本事例における第1学年及び第2学年「E　球技」（ゴール型）の例

知識・技能		思考・判断・表現	主体的に学習に取り組む態度
○知識 ・球技には，集団対集団，個人対個人で攻防を展開し，勝敗を競う楽しさや喜びを味わえる特性があることについて，言ったり書き出したりしている。 ・学校で行う球技は近代になって開発され，今日では，オリンピック・パラリンピック競技大会においても主要な競技として行われていることについて，言ったり書き出したりしている。 ・球技の各型の各種目において用	○技能 ・ゴール方向に守備者がいない位置でシュートをすることができる。 ・マークされていない味方にパスを出すことができる。 ・得点しやすい空間にいる味方にパスを出すことができる。 ・パスやドリブルなどでボールをキープす	・提示された動きのポイントやつまずきの事例を参考に，仲間の課題や出来映えを伝えている。 ・提供された練習方法から，自己やチームの課題に応じた練習方法を選んでいる。 ・学習した安全上の留意点を，他の学習場面に当てはめ，仲間に伝えている。 ・練習やゲームの場面で，最善を尽くす，フェアなプレイなどのよい取組を見付け，理由	・球技の学習に積極的に取り組もうとしている。 ・マナーを守ったり相手の健闘を認めたりして，フェアなプレイを守ろうとしている。 ・作戦などについての話合いに参加しようとしている。

いられる技術には名称があり，それらを身に付けるためのポイントがあることについて，学習した具体例を挙げている。 ・対戦相手との競争において，技能の程度に応じた作戦や戦術を選ぶことが有効であることについて，学習した具体例を挙げている。 ・球技は，それぞれの型や運動種目によって主として高まる体力要素が異なることについて，学習した具体例を挙げている。	ることができる。 ・ボールとゴールが同時に見える場所に立つことができる。 ・パスを受けるために，ゴール前の空いている場所に動くことができる。 ・ボールを持っている相手をマークすることができる。 ※ネット型，ベースボール型は省略	を添えて他者に伝えている。 ・仲間と協力する場面で，分担した役割に応じた活動の仕方を見付けている。 ・仲間と話し合う場面で，提示された参加の仕方に当てはめ，チームへの関わり方を見付けている。 ・体力や技能の程度，性別等の違いを踏まえて，仲間とともに楽しむための練習やゲームを行う方法を見付け，仲間に伝えている。	・一人一人の違いに応じた課題や挑戦及び修正などを認めようとしている。 ・練習の補助をしたり仲間に助言したりして，仲間の学習を援助しようとしている。 ・健康・安全に留意している。

【手順２】「単元の評価規準」を作成する

「内容のまとまり」ごとに，育成する資質・能力のバランスを検討した上で指導事項を配置し，それに対応した「単元の評価規準」を上記の全ての「単元の評価規準」から選択するなどして設定する。

※本事例における第１学年「Ｅ　球技」（ゴール型）の例

知識・技能		思考・判断・表現	主体的に学習に取り組む態度
○知識 ①球技には，集団対集団，個人対個人で攻防を展開し，勝敗を競う楽しさや喜びを味わえる特性があることについて，言ったり書き出したりしている。 ②球技の各型の各種目において用いられる技術には名称があり，それらを身に付けるためのポイントがあることについて，学習した具体例を挙げている。	○技能 ①ゴール方向に守備者がいない位置でシュートをすることができる。 ②得点しやすい空間にいる味方にパスを出すことができる。 ③ボールとゴールが同時に見える場所に立つことができる。	①提示された動きのポイントやつまずきの事例を参考に，仲間の課題や出来映えを伝えている。 ②仲間と協力する場面で，分担した役割に応じた活動の仕方を見付けている。 ③仲間と話し合う場面で，提示された参加の仕方に当てはめ，チームへの関わり方を見付けている。	①練習の補助をしたり仲間に助言したりして，仲間の学習を援助しようとしている。 ②健康・安全に留意している。

（４）「単元の評価規準」作成における【観点ごとのポイント】

以下に，「単元の評価規準」を作成する際の観点ごとのポイントを説明する。

○「知識・技能」のポイント

・「知識」については，例示の文末を「〜について，言ったり書き出したりしている」あるいは，「〜について，学習した具体例を挙げている」として，評価規準を作成する。

・前者は一般的に認知された科学的な知識を内容とするもので，各学校や教師の指導によって大きな相違がないものに用いている。後者は，学校や生徒の実態に合わせて，指導する教師により取り扱われる内容に相違が予想されるものに用いている。

・「技能」については，例示の文末を「〜ができる」として，評価規準を作成する。

例）例示：ゴール方向に守備者がいない位置でシュートをすること。
　　　　　↓
　　評価規準：ゴール方向に守備者がいない位置でシュートをすることができる。

○　「思考・判断・表現」のポイント
・「思考・判断・表現」については，例示の文末を「～している」として，評価規準を作成する。 例）例示：提示された動きのポイントやつまずきの事例を参考に，仲間の課題や出来映えを伝えること。 　　　　　↓ 　　評価規準：提示された動きのポイントやつまずきの事例を参考に，仲間の課題や出来映えを伝え<u>ている。</u>
○　「主体的に学習に取り組む態度」のポイント
・「主体的に学習に取り組む態度」については，意思や意欲を育てるという情意面の例示に対応し，「～しようとしている」として評価規準を作成する。ただし，健康・安全に関する例示については，意欲を持つことにとどまらず実践することが求められているものであることから，「～に留意している」「～を確保している」として，評価規準を作成する。 例）例示：練習の補助をしたり仲間に助言したりして，仲間の学習を援助しようとすること。 　　　　　↓ 　　評価規準：練習の補助をしたり仲間に助言したりして，仲間の学習を援助<u>しようとしている。</u>

（5）指導と評価の一体化を目指して

ア　指導内容や指導方法と関連付けた評価の進め方

　答申では「『子供たちにどういった力が身に付いたか』という学習の成果を的確に捉え，教師が指導の改善を図るとともに，子供たち自身が自らの学びを振り返って次の学びに向かうことができるようにするためには，この学習評価の在り方が極めて重要であり，教育課程や学習・指導方法の改善と一貫性を持った形で改善を進めることが求められる」とされている。具体的には，評価のみを単独で捉えるのではなく，「何を教えるのか」「どのように教えるのか」といった，指導する内容や指導方法等と関連付けて評価の進め方を検討することが大切である。

　体育分野においては，個に応じた段階的な練習方法の例を示したり，個別学習やグループ別学習，繰り返し学習などの学習活動を取り入れたりするなどのことにより，生徒一人一人が学習内容を確実に身に付けることができるよう配慮した上で，評価を行うことが大切である。

イ　効果的に観点別学習状況の評価を進める上での観点ごとの留意点

指導と評価を一体的に進めるに当たっては，指導を充実させた上で評価を行うことが重要であることから，学習指導要領解説に示された以下の事項等について十分に留意する必要がある。 ○　「知識・技能」 　・「知識」については，体の動かし方や用具の操作方法などの具体的な知識と，運動の実践や生涯スポーツにつながる概念や法則などの汎用的な知識で示している。具体的な知識と汎用的な知識を関連させて指導することで，各領域の特性や魅力や運動やスポーツの価値等を理解したりすることにつなげること。 　・「技能」については，「内容のまとまり」ごとに，例示等を参考にして，運動種目等の固有の技能や動き等を身に付けさせることが具体的なねらいとなるが，各領域及び運動種目等における技能や攻防の様相，動きの様相との関連に留意し，各領域の特性や魅力に応じた楽しさや喜びを味わうことができるようにすること。 　・「体つくり運動」については，体ほぐしの運動は，技能の習得・向上をねらいとするものでないこと，体の動きを高める運動は，ねらいに応じて運動を行うとともにそれらを組み合わせることが主

な目的となること，実生活に生かす運動の計画は，運動の計画を立てて取り組むことが主な目的となることから，「技能」の評価規準は設定していない。ただし，「体つくり運動」の「運動」については，主に「思考・判断・表現」に整理していること。

○「思考・判断・表現」

・例示では，例えば，「提示された動きのポイントやつまずきの事例を参考に，仲間の課題や出来映えを伝えること」のように「伝える」までの一連の具体的な指導内容を示したものと，「提供された練習方法から，自己の課題に応じて，技の習得に適した練習方法を選ぶこと」のように，思考力，判断力に重点を当てたものが示されていること。

　なお，学習指導要領の体育分野で示す「表現力」とは，運動の技能に関わる身体表現や表現運動系及びダンス領域における表現とは異なり，思考し判断したことを他者に言葉や文章及び動作などで表現することであること。

・例示は，「体の動かし方や運動の行い方に関する思考力，判断力，表現力等」，「体力や健康・安全に関する思考力，判断力，表現力等」，「運動実践につながる態度に関する思考力，判断力，表現力等」，「生涯スポーツの設計に関する思考力，判断力，表現力等」の中から，各領域で取り上げることが効果的な指導事項の具体例を重点化して示していること。

○「主体的に学習に取り組む態度」

・体育分野においては，豊かなスポーツライフを実現することを重視し，従前より学習指導要領に「態度」を内容として示している。また，「児童生徒の学習評価の在り方について（報告）」において，各教科等の目標や内容に対応した学習評価が行われることとされており，各教科等によって，評価の対象に特性があることに留意すること。

・例示については，体育分野の学習に関わる「学びに向かう力，人間性等」の具体的な指導事項として示したものであり，各領域において愛好的態度及び健康・安全は共通の指導事項とし，公正（伝統的な行動の仕方），協力，責任，参画，共生の中から，各領域で取り上げることが効果的かつ具体的な指導事項を重点化して示していること。

・例えば，協力の場面や行動の仕方の例などの具体的な知識と，なぜ協力するのかといった協力することの意義などの汎用的な知識を関連させて指導することで，生徒自身の積極性や自主性を促し，生涯にわたる豊かなスポーツライフを実現していく資質・能力の育成を図ること。

・自己の最善を尽くして運動をしたり，生涯にわたって運動に親しんだりするなどの運動への愛好的な態度は，公正に取り組む，互いに協力する，自己の役割や責任を果たす，参画する，一人一人の違いを大切にしようとするなどの意欲や，健康・安全に留意する態度などの具体的な学習を通して育成されるものであると考えられること。

　これらの学習を通して，「粘り強く学習に取り組む態度」や「自ら学習を調整しようとする態度」が相互に関わり合いながら立ち現れ，運動への愛好的な態度が育まれるものと考えられる。

（6）各観点の指導場面と評価機会の関係

　「主体的・対話的で深い学び」の視点で授業改善を進めるに当たり，単元等のまとまりを見通した学びの重要性や，指導内容のつながりと評価の場面設定との関係などについて十分検討する

必要がある。体育分野の観点別学習状況の評価において，指導場面と評価機会の関係については，本事例では基本的に次のように捉えている。

「知識・技能」の観点の「技能」及び「主体的に学習に取り組む態度」の二つの観点における評価は，技能の獲得，向上や態度の育成等に一定の学習期間が必要となること，主に観察評価によって評価を行うことから，本事例では，指導後に一定の学習期間及び評価期間を設ける工夫をしている。

「知識・技能」の観点の「知識」及び「思考・判断・表現」の二つの観点における評価は，主に学習カード等に記述された内容から評価の材料を得ようとしていることから，本事例では，指導から期間を置かず評価をしている。さらに，生徒の発言等の観察評価によって得られた評価の材料を加味して評価の妥当性，信頼性等を高める工夫をしている。

【保健分野】

> 本事例では，「内容のまとまりごとの評価規準」を基に，解説の表記などを用いて学習活動レベルに対応した「単元の評価規準」作成する。これは，これまでの「学習活動に即した評価規準」と同じ性質をもつものといえる。そのため，本事例では，「学習活動に即した評価規準」は別途提示しないこととした。

「単元の評価規準」の作成の考え方
ア　本事例における「単元」の考え方

答申では「単元とは，各教科等において，一定の目標や主題を中心として組織された学習内容の有機的な一まとまりのこと」としている。

保健分野では，「内容のまとまり」をそのまま「単元」として捉える場合と，「内容のまとまり」をいくつかの「単元」分けて単元設定する場合が想定される。

【中学校保健分野の単元設定例】

内容のまとまり	単元設定例	学年	時数
（1）健康な生活と疾病の予防	健康の成り立ちと疾病の発生要因 生活習慣と健康	1	4
	生活習慣病などの予防	2	4
	喫煙，飲酒，薬物乱用と健康	2	4
	感染症の予防	3	4
	健康を守る社会の取組	3	4
（2）心身の機能の発達と心の健康	心身の機能の発達	1	6
	心の健康	1	6
（3）傷害の防止	傷害の防止	2	8
（4）健康と環境	健康と環境	3	8

イ 「内容のまとまりごとの評価規準」,「単元の評価規準」, の関係性を確認する。

　このため, 本事例においては基本的にこれらの例示をもとに評価規準を作成し, 各学校において作成する「単元の評価規準」等の参考例を紹介していくこととした。

　学習指導要領と「内容のまとまりごとの評価規準」, 解説と「単元の評価規準」との関係性, については, 次に示したとおりとなる。

保健分野

学習指導要領「2　内容」	>	**内容のまとまりごとの評価規準** 学習指導要領に示す目標及び内容「2　内容」の項目等をそのまとまりごとに細分化したり整理したりして示したもの ◆学習指導要領の「2　内容」の文末を変えて作成

解説「例示」等	>	**単元の評価規準** 「内容のまとまりごとの評価規準」をもとに生徒の実態等を考慮して設定したもの ◆学習指導要領解説の目標及び内容, 改善等通知の「観点の趣旨」などを踏まえて作成

ウ 「単元の評価規準」を作成する際のポイント

　「単元の評価規準」は, 生徒の実態等を考慮しつつ, 「内容のまとまりごとの評価規準」を踏まえ作成する。本事例では, 「知識・技能」「思考・判断・表現」については学習指導要領解説の内容, 「主体的に学習に取り組む態度」については改善等通知の「観点の趣旨」を踏まえるとともに, 文末を以下のとおりに変えることで評価規準を作成している。

○「知識・技能」のポイント

　学習指導要領解説における「2　内容」の記載を基に評価規準を作成する。その際, 保健の技能はその行い方（対処の仕方）についての知識の習得と併せて指導することが大切であるため, 原則や概念に関する知識に加えて, 該当する技能についての行い方（対処の仕方）に関する知識も評価規準に加筆することも考えられる。

・「知識」については, 解説の「～理解している」と記載してある部分の文末を「～について, 理解したことを言ったり書いたりしている」として, 評価規準を作成する。

・「技能」については, 解説の「～できるようにする」と記載してある部分の文末を「～（行い方・対処）について, 理解したことを言ったり書いたりしているとともに,（～が）できる」として, 評価規準を作成する。

○「思考・判断・表現」のポイント

　学習指導要領解説における「2　内容」の「思考力，判断力，表現力等」に関する記載を基に評価規準を作成する。その際，〔例示〕に記載された内容を踏まえるとともに，実際の学習活動に合わせ，文末を「〜している」として，作成する。

○「主体的に学習に取り組む態度」のポイント

　改善等通知における「主体的に学習に取り組む態度」の「評価の観点及びその趣旨」に示された内容等を踏まえ，文末を「〜しようとしている」として，評価規準を作成する。

エ　「内容のまとまりごとの評価規準（例）」及び「単元の評価規準（例）」

　　以下に，第3学年の「健康と環境」の「内容のまとまりごとの評価規準（例）」及び「単元の評価規準」を示す。

【内容のまとまりごとの評価規準】（健康と環境）

知識・技能	思考・判断・表現	主体的に学習に取り組む態度
・身体には，環境に対してある程度まで適応能力があること。身体の適応能力を超えた環境は，健康に影響を及ぼすことがあること。また，快適で能率のよい生活を送るための温度，湿度や明るさには一定の範囲があることを理解している。 ・飲料水や空気は，健康と密接な関わりがあること。また，飲料水や空気を衛生的に保つには，基準に適合するよう管理する必要があることを理解している。 ・人間の生活によって生じた廃棄物は，環境の保全に十分配慮し，環境を汚染しないように衛生的に処理する必要があることを理解している。	・健康と環境に関する情報から課題を発見し，その解決に向けて思考し判断しているとともに，それらを表現している。	・健康と環境ついての学習に自主的に取り組もうとしている。

- 49 -

【単元の評価規準】

知識・技能	思考・判断・表現	主体的に学習に取り組む態度
①身体には，環境の変化に対応した調節機能があり，一定の範囲内で環境の変化に適応する能力があること，また，体温を一定に保つ身体の適応能力には限界があること，その限界を超えると健康に重大な影響が見られることから，気象情報の適切な利用が有効であることについて，理解したことを言ったり書いたりしている。 ②温度，湿度，気流の温熱条件には，人間が活動しやすい至適範囲があること，温熱条件の至適範囲は，体温を容易に一定に保つことができる範囲であること，明るさについては，視作業を行う際には，物がよく見え，目が疲労しにくい至適範囲があること，その範囲は，学習や作業などの種類により異なることについて，理解したことを言ったり書いたりしている。 ③水は，人間の生命の維持や健康な生活と密接な関わりがあり重要な役割を果たしていること，飲料水の水質については一定の基準が設けられており，水道施設を設けて衛生的な水を確保していること，飲料水としての適否は科学的な方法によって検査し，管理されていることについて，理解したことを言ったり書いたりしている。 ④室内の二酸化炭素は，人体の呼吸作用や物質の燃焼により増加すること，そのため，室内の空気が汚れてきているという指標となること，定期的な換気は室内の二酸化炭素の濃度を衛生的に管理できること，空気中の一酸化炭素は，主に物質の不完全燃焼によって発生し，吸入すると一酸化炭素中毒を容易に起こし，人体に有害であることについて，理解したことを言ったり書いたりしている。 ⑤人間の生活に伴って生じたし尿やごみなどの廃棄物はその種類に即して自然環境を汚染しないように衛生的に処理されなければならないことについて，理解したことを言ったり書いたりしている。	①健康と環境に関わる原則や概念を基に，収集した情報を整理したり，習得した知識を個人生活と関連付けたりして，自他の課題を発見し，課題解決に取り組み，健康を保持増進する方法を選択している。 ②健康と環境について，習得した知識を自他の生活に適用したり，課題解決に役立てたりして，疾病等にかかるリスクを軽減し，健康を保持増進する方法を選択し，他者と話し合ったり，ワークシートなどに記述したりして，筋道を立てて伝え合っている。	①健康と環境について，課題の解決に向けた学習に自主的に取り組もうとしている。

第2章　学習評価に関する事例について

1　事例の特徴

第1編第1章2（4）で述べた学習評価改善の基本的な方向性を踏まえつつ，平成29年改訂学習指導要領の趣旨・内容の徹底に資する評価の事例を示すことができるよう，本参考資料における事例は，原則として以下のような方針を踏まえたものとしている。

第3編

○　単元に応じた評価規準の設定から評価の総括までとともに，生徒の学習改善及び教師の指導改善までの一連の流れを示している

本参考資料で提示する事例は，いずれも，単元の評価規準の設定から評価の総括までとともに，評価結果を生徒の学習改善や教師の指導改善に生かすまでの一連の学習評価の流れを念頭においたものである（事例の一つは，この一連の流れを特に詳細に示している）。なお，観点別の学習状況の評価については，「おおむね満足できる」状況，「十分満足できる」状況，「努力を要する」状況と判断した生徒の具体的な状況の例などを示している。「十分満足できる」状況という評価になるのは，生徒が実現している学習の状況が質的な高まりや深まりをもっていると判断されるときである。

○　観点別の学習状況について評価する時期や場面の精選について示している

報告や改善等通知では，学習評価については，日々の授業の中で生徒の学習状況を適宜把握して指導の改善に生かすことに重点を置くことが重要であり，観点別の学習状況についての評価は，毎回の授業ではなく原則として単元や題材など内容や時間のまとまりごとに，それぞれの実現状況を把握できる段階で行うなど，その場面を精選することが重要であることが示された。このため，観点別の学習状況について評価する時期や場面の精選について，「指導と評価の計画」の中で，具体的に示している。

○　評価方法の工夫を示している

生徒の反応やノート，ワークシート，作品等の評価資料をどのように活用したかなど，評価方法の多様な工夫について示している。

2　各事例概要一覧と事例

事例1　キーワード　体育分野　指導と評価の計画から評価の総括まで
「球技：ゴール型（サッカー）」（第1学年）

　本事例では，体育分野における指導と評価の全体像を解説する。「単元の評価規準」の作成及び指導と評価の計画の作成について手順を示すとともに，観点別学習状況の評価の総括及び評定への総括について考え方を示している。

事例2　キーワード　体育分野　「知識・技能」の評価
「器械運動（マット運動）」（第1学年）

　体育の学習においては，「知識・技能」を総括した評価を提示するだけでは，生徒自身が自らの学びを改善するための情報が不足することが考えられる。このことから本事例では，「知識」「技能」それぞれの指導と評価を充実させ，学習状況を生徒に適切にフィードバックする例を取り上げている。併せて，「知識・技能」の観点別学習状況の評価の総括について考え方を示している。

事例3　キーワード　体育分野　「思考・判断・表現」の評価
「武道（柔道）」（第2学年）

　本事例では，「体力，健康・安全に関する思考力，判断力，表現力等」の指導と評価について，「学びに向かう力，人間性等」の指導内容である「健康・安全」や，体育理論及び保健分野における学習成果と関連を図るカリキュラム・マネジメントの視点を取り入れるとともに，学習カードの活用を通して評価資料を収集し学習状況を評価する工夫について示している。

事例4　キーワード　体育分野　「主体的に学習に取り組む態度」の評価
「ダンス（創作ダンス）」（第3学年）

　本事例では，「主体的に学習に取り組む態度」の評価の観点における「一人一人の違いに応じた表現や交流，発表の仕方などを大切にしようとしている（共生）」を取り上げ，「指導と評価を一体的に捉えるための工夫」「実現状況を判断する目安と想定される様相等の検討例」などについて示している。

事例5　キーワード　保健分野　指導と評価の計画から評価の総括まで

「傷害の防止」（第2学年）

　本事例では，保健分野における指導と評価の全体像を解説する。「単元の評価規準」及び「指導と評価の計画」の作成について手順を示すとともに，観点別学習状況の評価の総括の考えを示している。

事例6　キーワード　保健分野　「知識・技能」の評価

「心の健康」（第1学年）

　本事例では，新学習指導要領に新たに位置付けられた「知識及び技能」の内容を踏まえ，保健の「技能」に関する考え方を示した上で，「知識」と「技能」の内容をどのように関連付けて指導と評価を行うのかの具体例を示している。

事例7　キーワード　保健分野　「思考・判断・表現」の評価

「生活習慣病などの予防」（第2学年）

　本事例では，「健康・安全についての思考・判断・表現」の評価について，習得した知識を活用し，生活習慣病を予防するための方法を考える際の，ワークシートの工夫や評価方法の工夫などについて具体例を示している。

事例8　キーワード　保健分野　「主体的に学習に取り組む態度」の評価

「健康と環境」（第3学年）

　資質・能力の三つの柱の一つである「学びに向かう力，人間性等」は，「主体的に学習に取り組む態度」として観点別評価を通じて見取ることができる部分と，観点別学習状況や評定にはなじまず，個人内評価を通じて見取る部分があることに留意する必要がある。保健にはこの観点について内容の記載がないため，本事例では解説等に基づき評価規準を設定し，学習カードの活用や授業時の観察により「主体的に学習に取り組む態度」の評価を進める際の具体例を示している。

保健体育科（体育分野）　　　事例１
キーワード　指導と評価の計画から評価の総括まで

単元名	内容のまとまり
球技：ゴール型（サッカー） 第１学年	第１学年及び第２学年「Ｅ　球技」

1　単元の目標

(1)　次の運動について，勝敗を競う楽しさや喜びを味わい，球技の特性（や成り立ち），技術の名称や行い方，（その運動に関連して高まる体力）（など）を理解するとともに，基本的な技能や仲間と連携した動きでゲームを展開することができるようにする。

　　ア　ゴール型では，ボール操作と空間に走り込むなどの動きによってゴール前での攻防をすることができるようにする。

(2)　攻防などの自己の課題を発見し，合理的な解決に向けて運動の取り組み方を工夫するとともに，自己や仲間の考えたことを他者に伝えることができるようにする。

(3)　（球技に積極的に取り組むとともに），（フェアなプレイを守ろうとすること），（作戦などについての話合いに参加しようとすること），（一人一人の違いに応じたプレイなどを認めようとすること），仲間の学習を援助しようとすること（など）や，健康・安全に気を配ることができるようにする。

> 本事例では，単元の目標は学習指導要領「２　内容」を踏まえ，第１学年及び第２学年の目標を全て記述した上で，「表１　Ａ中学校における年間指導計画の例」の球技①～⑤の５回の単元設定の中から，①のサッカーにおける単元の目標を明示するため，他の単元で指導し評価する部分については，（　）で示している。

2　「単元の評価規準」の作成及び指導と評価の計画の作成

手順　1　内容の取扱いを踏まえ，年間指導計画に各単元を位置付ける。

　本事例のＡ中学校では，学習指導要領の第１学年及び第２学年の内容の取扱いにおいて，「アからウまでを全ての生徒に履修させること」としていることを踏まえ，第１学年で①ゴール型，②ネット型，第２学年で③ネット型，④ベースボール型，⑤ゴール型を取り上げている。

表１　Ａ中学校における年間指導計画の例（第１学年及び第２学年抜粋）

学年	時間	週∖月	4			5					6			7				8		9				10					11				12					1		2			3	
			1	2	3	4	5	6	7	8	9	10	11	12	13	14	15	16	17	18	19	20	21	22	23	24	25	26	27	28	29	30	31	32	33	34	35

（下段は各単元の配置図）

第１学年及び第２学年　105

オリエンテーション／理論[1]／陸上競技[10]　短距離・リレー(5)／ハードル(5)／４体つくり～２団含行運（集団行動）動

①　球技・ゴール型　バスケットボール・サッカー選択　２クラス２展開【10】

水泳　クロール・平泳ぎのいずれかを含む2以上選択[10]　＊外部指導者のTTによる協力

武道　（柔道・剣道のいずれかを選択）２クラス２展開[14]　＊外部指導者のTTによる協力

器械運動　マット運動(7)　跳び箱運動、鉄棒運動、平均台運動より1選択(7)　〔14〕

②　球技・ネット型　バレーボール・テニス選択　２クラス２展開〔8〕

スケート[6]集中

保健(1)健康の成り立ちと疾病の発生要因／生活習慣と健康[4]／体つくり運動(2)／理論[1]／保健(2)心身の機能の発達[6]／保健(2)心の健康[6]／陸上競技[4]長距離走／理論[1]／体つくり運動[3]組み合わせ

第２学年　105

体つくり運動[3]／陸上競技[8]　跳躍種目選択　走り高跳び・走り幅跳び　２クラス２展開

③　球技・ネット型　バレーボール・バドミントン選択　２クラス２展開[10]

水泳　クロール・平泳ぎのいずれかを含む2以上選択〔10〕

④　球技・ベースボール型　ソフトボール①　ソフトボール②　２クラス２展開[12]

ダンス　創作ダンス(9)　フォークダンス(9)　２クラス２展開〔18〕　＊外部指導者のTTによる協力

⑤　球技・ゴール型　ハンドボール・サッカー選択　２クラス２展開〔10〕

スキー[6]集中

理論[1]／保健(1)生活習慣病などの予防／喫煙、飲酒、薬物乱用と健康[8]／体つくり運動[2]／理論[1]／保健(3)傷害の防止[8]／陸上競技[4]長距離走／理論[1]／体つくり運動[3]組み合わせ

手順2 2年間を見通して，指導事項をバランスよく配置する。

　例示等で示された2年間の指導事項について，表1に示した①～⑤の指導機会における実施時期や配当時間等を踏まえ，指導事項を配置することとした(図1)。

　「知識及び技能」の指導事項については，型ごとに指導する必要があるため，ゴール型とネット型は2回の指導機会，ベースボール型は1回の指導機会で取り上げることとなる(ネット型，ベースボール型は省略)。このことから，例えば，運動の特性については，ゴール型，ネット型，ベースボール型のそれぞれにおいて効率的に指導機会を設けるなどの工夫をしている。また，「思考力，判断力，表現力等」及び「学びに向かう力，人間性等」で示される具体的な指導事項は，「内容のまとまり（第1学年及び第2学年「E　球技」）」に対して示されていることから，意図的，計画的に配置している。

図1　第1学年及び第2学年「球技」における2年間を見通した指導事項の配置の例

列のグループ：
- ① 球技・ゴール型　バスケットボール・サッカー選択　2クラス2展開〔10〕（列1～10）
- ② 球技・ネット型　バレーボール・テニス選択　2クラス2展開〔8〕（列1～8）
- ③ 球技・ネット型　バレーボール・バドミントン選択　2クラス2展開〔10〕（列1～10）
- ④ 球技・ベースボール型　ソフトボール①・ソフトボール②　2クラス2展開〔12〕（列1～12）
- ⑤ 球技・ゴール型　ハンドボール・サッカー選択　2クラス2展開〔10〕（列1～10）

区分	指導事項	①1	①2	①3	①4	①5	①6	①7	①8	①9	①10	②1	②2	②3	②4	②5	②6	②7	②8	③1	③2	③3	③4	③5	③6	③7	③8	③9	③10	④1	④2	④3	④4	④5	④6	④7	④8	④9	④10	④11	④12	⑤1	⑤2	⑤3	⑤4	⑤5	⑤6	⑤7	⑤8	⑤9	⑤10
知識	1.球技の特性	●										●																		●																					
知識	2.成り立ち																			●										●												●									
知識	3.技術の名称や行い方		○	○		○							○	○		○					○	○		○	○						○	○	○	○	○	○							○	○	○		○				
知識	4.関連して高まる体力																								●												●													●	
技能 ゴール型	1.守備者がいない位置でシュート		●																																							*									
技能 ゴール型	2.マークされていない味方にパス																																										●								
技能 ゴール型	3.得点しやすい空間にいる味方にパス				●																																					*									
技能 ゴール型	4.ボールをキープする																																												●						
技能 ゴール型	5.ボールとゴールが同時に見える場所に立つ					●																																				*									
技能 ゴール型	6.ゴール前の空いている場所に動く																																														●				
技能 ゴール型	7.相手をマークする																																																●		
ネット型	略											●	●		●					●	●		●	●																											
ベースボール型	略																															●	●	●	●	●	●														
思考力，判断力，表現力等	1.仲間の課題や出来映えを伝える					●									●								●																												
思考力，判断力，表現力等	2.課題に応じた練習方法を選ぶ																																				●									●					
思考力，判断力，表現力等	3.学習した安全上の留意点を仲間に伝える																																					●										●			
思考力，判断力，表現力等	4.よい取組を見付け，理由を添えて他者に伝える																										●																								
思考力，判断力，表現力等	5.分担した役割に応じた活動の仕方を見付ける					●							●													●																									
思考力，判断力，表現力等	6.チームへの関わり方を見付ける							●						●																							●														●
思考力，判断力，表現力等	7.仲間とともに楽しむための練習やゲームを行う方法を見付け仲間に伝える																																		●																
学びに向かう力，人間性等	1.積極的に取り組もうとする																●																																		●
学びに向かう力，人間性等	2.フェアなプレイを守ろうとする																									●													●										●		
学びに向かう力，人間性等	3.話合いに参加しようとする																								●														●												
学びに向かう力，人間性等	4.一人一人の違いに応じた課題や挑戦及び修正などを認めようとする																●																																●		
学びに向かう力，人間性等	5.仲間の学習を援助しようとする			●									●																																						
学びに向かう力，人間性等	6.健康・安全に留意する	●										●								●										*												*									

●重点指導機会　　○複数回での指導機会　　*評価対象とせず指導する機会

手順3 例示等を基に，第1学年及び第2学年の内容のまとまり（「球技」）における全ての「単元の評価規準」を作成する。

表2　第1学年及び第2学年「球技」の全ての「単元の評価規準」

知識・技能		思考・判断・表現	主体的に学習に取り組む態度
○知識 ・球技には，集団対集団，個人対個人で攻防を展開し，勝敗を競う楽しさや喜びを味わえる特性があることについて，言ったり書き出したりしている。 ・学校で行う球技は近代になって開発され，今日では，オリンピック・パラリンピック競技大会においても主要な競技として行われていることについて，言ったり書き出したりしている。 ・球技の各型の各種目において用いられる技術には名称があり，それらを身に付けるためのポイントがあることについて，学習した具体例を挙げている。 ・対戦相手との競争において，技能の程度に応じた作戦や戦術を選ぶことが有効であることについて，学習した具体例を挙げている。 ・球技は，それぞれの型や運動種目によって主として高まる体力要素が異なることについて，学習した具体例を挙げている。	○技能 ・ゴール方向に守備者がいない位置でシュートをすることができる。 ・マークされていない味方にパスを出すことができる。 ・得点しやすい空間にいる味方にパスを出すことができる。 ・パスやドリブルなどでボールをキープすることができる。 ・ボールとゴールが同時に見える場所に立つことができる。 ・パスを受けるために，ゴール前の空いている場所に動くことができる。 ・ボールを持っている相手をマークすることができる。 ※ネット型，ベースボール型は省略	・提示された動きのポイントやつまずきの事例を参考に，仲間の課題や出来映えを伝えている。 ・提供された練習方法から，自己やチームの課題に応じた練習方法を選んでいる。 ・学習した安全上の留意点を，他の学習場面に当てはめ，仲間に伝えている。 ・練習やゲームの場面で，最善を尽くす，フェアなプレイなどのよい取組を見付け，理由を添えて他者に伝えている。 ・仲間と協力する場面で，分担した役割に応じた活動の仕方を見付けている。 ・仲間と話し合う場面で，提示された参加の仕方に当てはめ，チームへの関わり方を見付けている。 ・体力や技能の程度，性別等の違いを踏まえて，仲間とともに楽しむための練習やゲームを行う方法を見付け，仲間に伝えている。	・球技の学習に積極的に取り組もうとしている。 ・マナーを守ったり相手の健闘を認めたりして，フェアなプレイを守ろうとしている。 ・作戦などについての話合いに参加しようとしている。 ・一人一人の違いに応じた課題や挑戦及び修正などを認めようとしている。 ・練習の補助をしたり仲間に助言したりして，仲間の学習を援助しようとしている。 ・健康・安全に留意している。

手順4 当該単元における「単元の評価規準」を設定する。

　「第1学年及び第2学年『球技』における2年間を見通した指導事項の配置の例」（図1）に示したとおり，中学校第1学年「球技」（ゴール型）（図1の①）に配置された指導事項に対応した単元の評価規準を設定する。

表3　A中学校における第1学年「球技」（ゴール型）の「単元の評価規準」の例

知識・技能		思考・判断・表現	主体的に学習に取り組む態度
○知識 ①球技には，集団対集団，個人対個人で攻防を展開し，勝敗を競う楽しさや喜びを味わえる特性があることについて，言ったり書き出したりしている。 ②球技の各型の各種目において用いられる技術には名称があり，それらを身に付けるためのポイントがあることについて，学習した具体例を挙げている。	○技能 ①ゴール方向に守備者がいない位置でシュートをすることができる。 ②得点しやすい空間にいる味方にパスを出すことができる。 ③ボールとゴールが同時に見える場所に立つことができる。	①提示された動きのポイントやつまずきの事例を参考に，仲間の課題や出来映えを伝えている。 ②仲間と協力する場面で，分担した役割に応じた活動の仕方を見付けている。 ③仲間と話し合う場面で，提示された参加の仕方に当てはめ，チームへの関わり方を見付けている。	①練習の補助をしたり仲間に助言したりして，仲間の学習を援助しようとしている。 ②健康・安全に留意している。

手順5 当該単元における具体的な指導内容の明確化を図る。

　単元の目標の実現には，具体的な指導を充実した上で，「単元の評価規準」により評価を行うことが重要である。そのため，学習指導要領解説の記載等から，生徒の学習状況を実現するための具体的な指導内容を明確にする。

図2　具体的な指導内容と「単元の評価規準」

知識及び技能		思考力，判断力，表現力等	学びに向かう力，人間性等
知識	技能		

知識

　ゴール型球技は，ドリブルやパスなどのボール操作で相手コートに侵入し，シュートを放ち，一定時間内に相手チームより多くの得点を競い合うことが楽しい運動であること。

①球技には，集団対集団，個人対個人で攻防を展開し，勝敗を競う楽しさや喜びを味わえる特性があることについて，言ったり書き出したりしている。

　ボール操作には，シュートやパス，ボールをキープする技術の名称があること。それらを身に付けるポイントがあること。

②球技の各型の各種目において用いられる技術には名称があり，それらを身に付けるためのポイントがあることについて，学習した具体例を挙げている。

技能

　ゴール方向に守備者のいない位置に移動した時にシュートを打つこと。

①ゴール方向に守備者がいない位置でシュートをすることができる。

　フリーの仲間を見付け，相手の動きに合わせてパスを送り出すこと。

②得点しやすい空間にいる味方にパスを出すことができる。

　ボール保持者とゴールが見える位置に移動し，ボールを受ける準備姿勢をとること。

③ボールとゴールが同時に見える場所に立つことができる。

思考力，判断力，表現力等

　成功例，つまずき例などの事例や，シュート，パス，キープのポイントを提示し，仲間の動きと比較し，伝えること。

①提示された動きのポイントやつまずきの事例を参考に，仲間の課題や出来映えを伝えている。

　活動時間の確保やグループの人間関係がよくなるといった目的を伝え，用具の準備や後片付け，記録や審判などの分担した役割における自身の活動の仕方を見付けること。

②仲間と協力する場面で，分担した役割に応じた活動の仕方を見付けている。

　仲間の意見をしっかり聞く，自身の意見を述べるなどの話合いへのマナーを提示し，参加の仕方を見付けること。

③仲間と話し合う場面で，提示された参加の仕方に当てはめ，チームへの関わり方を見付けている。

学びに向かう力，人間性等

　仲間の学習を援助することは，自己の能力を高めたり仲間との連帯感を高めて気持ちよく活動したりすることにつながるという目的に適した仲間との関わり方があること。

①練習の補助をしたり仲間に助言したりして，仲間の学習を援助しようとしている。

　体調の変化などに気を配ること，ボールなどの用具の扱い方や，ゴールの設置状態，練習場所などの自己や仲間の安全に留意すること，技能の難易度や自己の体力や技能の程度に合った運動をすることが大切であること。

②健康・安全に留意している。

手順6 指導と評価の計画（10時間）を作成する。

　単元の目標，内容，評価規準が具体化され，指導場面や評価機会が関連付けられた指導と評価の計画を作成する。その際，目標の実現に向けて，指導したことを評価すること，「努力を要する」状況（C）と判断される生徒への指導の充実が速やかに図ることができるよう，評価機会を適切に設定することなどに留意する。

図3 「球技」（ゴール型：サッカー）第1学年における指導と評価の計画の例

<table>
<tr><td rowspan="3">単元の目標</td><td>知識及び技能</td><td colspan="11">次の運動について，勝敗を競う楽しさや喜びを味わい，球技の特性や（成り立ち），技術の名称や行い方，（その運動に関連して高まる体力）（など）を理解するとともに，基本的な技能や仲間と連携した動きでゲームを展開することができるようにする。
ア　ゴール型では，ボール操作と空間に走り込むなどの動きによってゴール前での攻防をすることができるようにする。</td></tr>
<tr><td>思考力，判断力，表現力等</td><td colspan="11">攻防などの自己の課題を発見し，合理的な解決に向けて運動の取り組み方を工夫するとともに，自己や仲間の考えたことを他者に伝えることができるようにする。</td></tr>
<tr><td>学びに向かう力，人間性等</td><td colspan="11">（球技に積極的に取り組むとともに），（フェアなプレイを守ろうとすること），（作戦などについての話合いに参加しようとすること），（一人一人の違いに応じたプレイなどを認めようとすること），仲間の学習を援助しようとすること（など）や，健康・安全に気を配ることができるようにする。</td></tr>
</table>

	時	1	2	3	4	5	6	7	8	9	10	授業づくりのポイント

学習の流れ

0			健康観察・本時のねらいの確認・準備運動						
10 / 20 / 30 / 40	オリエンテーション／ボール慣れゲーム	ボール操作（シュート／パス／トラップ）／シュートゲーム（ゲーム記録の活用）	空間に走り込むなどの動き（ボールとゴール）／グリッド突破ゲーム（仲間の即時の助言）	課題の確認と解決の練習（ボール操作／空間に走りこむ／課題伝達／役割見付ける）／簡易ゲームＩ（人数・コート・ルール等の簡易化）	ゲームＩの修正　最終リーグ戦Ｉ／最終リーグ戦Ⅱ	最終リーグ戦Ⅱ／単元のまとめ		
50			整理運動・学習の振り返り・次時の確認					

授業づくりのポイント
・三つの資質・能力の内容をバランスよく指導する。
・動きの獲得を通して，知識の大切さを一層実感できるようにする。
・汎用性のある知識を精選した上で，知識の学習を基盤とした学習の充実を図る。
・ゴール前の空間の攻防をめぐる学習に課題を追求しやすいようにプレイヤーの人数，コートの広さ，用具，プレイ上の制限を工夫したゲームを取り入れる。
・練習やゲームでは，即時にアドバイスをし合うことができるようにし，学習の振り返りで質を高めていく。
・仲間への助言や安全に留意する意義などの理解と具体的な取り組み方を結び付けて指導する。

評価機会		1	2	3	4	5	6	7	8	9	10	評価方法
	知	①	（②）	（②）		②					総括的な評価	学習カード
	技			①		②	③					観察
	思						②	①		③		学習カード，観察
	態		②		①							観察，学習カード

単元の評価規準	知	①球技には，集団対集団，個人対個人で攻防を展開し，勝敗を競う楽しさや喜びを味わえる特性があることについて，言ったり書き出したりしている。 ②球技の各型の各種目において用いられる技術には名称があり，それらを身に付けるためのポイントがあることについて，学習した具体例を挙げている。
	技	①ゴール方向に守備者がいない位置でシュートをすることができる。 ②得点しやすい空間にいる味方にパスを出すことができる。 ③ボールとゴールが同時に見える場所に立つことができる。
	思	①提示された動きのポイントやつまずきの事例を参考に，仲間の課題や出来映えを伝えている。 ②仲間と協力する場面で，分担した役割に応じた活動の仕方を見付けている。 ③仲間と話し合う場面で，提示された参加の仕方に当てはめ，チームへの関わり方を見付けている。
	態	①練習の補助をしたり仲間に助言したりして，仲間の学習を援助しようとしている。 ②健康・安全に留意している。

以下，本事例の単元の進行と指導内容の関連について概要を説明する。

本事例では１時間目を診断的な評価機会とし，小学校における学びの状況を確認する。また，２時間目から９時間目では，「知識及び技能」，「思考力，判断力，表現力等」，「学びに向かう力，人間性等」の指導事項をバランスよく配置するとともに，形成的な評価機会を設定している。さらに，10時間目に観点別学習状況の評価の総括的な評価を位置付けている。例えば，２・３時間目に指導したボール操作の技能については，５時間目に「技②」の評価規準に基づき評価する。その際，「努力を要する」状況（Ｃ）と判断される生徒がいた場合には個別の指導を行うなどの手立てを行い，単元の進行とともに，その生徒の学習状況の変化を10時間目に最終確認している。

また，図３の矢印で示すように，シュートであれば，２時間目に技術的なポイント（知識）の学習機会を設け，練習場面を２時間目に設定した上で３時間目に「技①」の評価を行う。さらに発見した課題について，７時間目にシュートをテーマとした課題解決の時間を設け，動きのポイントやつまずきについて仲間の課題や出来映えを伝えるなど，知識や技能を活用して「思考力，判断力，表現力等」の学習や評価につなげることができるよう，各指導内容間の関連を図る工夫をしている。

3 観点別学習状況の評価の進め方
（1）指導と評価の一体化に向けた観点別学習状況の評価の活用

単元途中の観点別学習状況の評価は，生徒一人一人の学習状況を明確にし，生徒の学習改善につなげると同時に，教師の指導の成果や課題を明らかにするものである。このことから，観点別学習状況の評価は，単元の終末にまとめて行うものとして捉えるのではなく，指導場面に対して評価の機会を検討し設定することが重要である。

また，生徒の学習状況を的確に把握するため，日々の授業での一人一人の様子を評価補助簿等に記録し，特に，「努力を要する」状況（Ｃ）の生徒に対して手立てを講じることが重要になってくる。例えば，評価した結果を具体的な言葉かけなどにより生徒に返して学習の改善を促したり，教師の指導の手立てを修正したりするなど，評価を指導に生かしていくようにする。

併せて，「十分満足できる」状況（Ａ）の生徒の把握にも努め，個別の課題を与えるなどの指導を行う。

本事例では，適切な評価時期に，各観点に対応する適切な評価方法により個々の生徒の評価材料を収集し記録を残すとともに，必要な手立てや指導を行い，必要に応じて形成的な評価をしながら，総括的な評価において最終確認し，観点別学習状況の評価を確定している。

以下に，本事例の教師の評価補助簿の例を示す。

図4：評価補助簿の例

単元の評価規準（学習活動に即した評価規準）		
	知	①球技には，集団対集団，個人対個人で攻防を展開し，勝敗を競う楽しさや喜びを味わえる特性があることについて，言ったり書き出したりしている。 ②球技の各型の各種目において用いられる技術には名称があり，それらを身に付けるためのポイントがあることについて，学習した具体例を挙げている。
	技	①ゴール方向に守備者がいない位置でシュートをすることができる。 ②得点しやすい空間にいる味方にパスを出すことができる。 ③ボールとゴールが同時に見える場所に立つことができる。
	思	①提示された動きのポイントやつまずきの事例を参考に，仲間の課題や出来映えを伝えている。 ②仲間と協力する場面で，分担した役割に応じた活動の仕方を見付けている。 ③仲間と話し合う場面で，提示された参加の仕方に当てはめ，チームへの関わり方を見付けている。
	態	①練習の補助をしたり仲間に助言したりして，仲間の学習を援助しようとしている。 ②健康・安全に留意している。

観点	知		技			思			態	
	①	②	①	②	③	①	②	③	①	②
時数/10	1/10	5/10	3/10	5/10	6/10	7/10	6/10	9/10	4/10	2/10
月/日	0/0	0/0	0/0	0/0	0/0	0/0	0/0	0/0	0/0	0/0
生徒イ			A	A	A	A			A	
生徒ロ			A							A [B]7/10 ※1
生徒ハ		C [B]10/10 ※2					✓ [A]10/10 ※3	A		A
生徒ニ				C [B]7/10 ※4						
— 略 ——										
生徒ゑ				A			A			

※ 記載のないところは「B」としている。

（2）学習評価の妥当性・信頼性を高める観点別学習状況の評価の工夫

　本事例においては，図3の指導と評価の計画（P58参照）に従って各指導内容について十分な指導を行いながら，形成的な評価に結び付けている。また，「努力を要する」状況（C）と判断される生徒には，課題を提示したり個別の指導を行ったりした。その上で，改善が見られた生徒については再度，形成的な評価を行い，10時間目の総括的な評価の場面等で，必要な観点や個々の生徒について最終確認を行う工夫をしている。

　以上のことについて，図4の生徒ロ，生徒ハ，生徒ニを例に説明する。

ア　「知識・技能」の「知②」について，生徒ハは，5時間目ではCの評価であったが，知識と技能を関連させて指導を行い，10時間目の総括的な評価で「おおむね満足できる」状況が認められたことからBと評価した（※2）。

イ　「知識・技能」の「技②」について，生徒ニは，5時間目ではCの評価であったが，課題解決の学習に取り組み，7時間目の簡易ゲームで「おおむね満足できる」状況と認められたことからBと評価した（※4）。

ウ　「思考・判断・表現」の「思②」について，生徒ハは，6時間目の評価はBであったが，10時間目の総括的評価のまとめにおいて，「十分満足できる」状況となっていたことからAと評価した（※3）。

エ　「主体的に学習に取り組む態度」の「態②」について，生徒ロは，2時間目の評価はAであったが，用具の扱い方や練習場所の安全な位置取りなどの安全への留意が継続して「十分満足できる」状況と認められなかったことから，7時間目にBと評価した（※1）。

4　観点別学習状況の評価の総括及び評定への総括の考え方

（1）観点別学習状況の評価の総括及び評定への総括を行うに当たっての留意事項

ア　指導と評価の一体化の考え方を踏まえると，体育分野で育成を目指す資質・能力に対応した指導内容をバランスよく指導し評価することが求められる。

イ　観点別学習状況の評価の総括及び評定への総括を行うに当たっては，各単元への配当時間数や指導事項に対応した評価規準数を考慮するのか，観点別学習状況の評価を評定へ総括する際に観点ごとの比率を設定するのか等も含め，観点別学習状況の評価の総括及び評定への総括についての考え方や方法等を，各学校において十分検討しておく必要がある。

ウ　シラバスやオリエンテーション等の機会を通して，事前に生徒及び保護者等に対して十分な説明をしておくことが重要である。

（2）観点別学習状況の評価の総括及び評定への総括の例

単元ごとに得られている各観点における観点別学習状況の評価を，Ａ，Ｂ，Ｃの三段階で実施するか，あるいは，この段階から5段階（例　Ａ°，Ａ，Ｂ，Ｃ，Ｃ△）で評価し，評定への総括に備えるのか検討しておく必要がある。

参考として，5段階で評価し，評定への総括に備える例を以下に示す。なお，数値化するときは，Ａ°を5，Ａを4，Ｂを3，Ｃを2，Ｃ△を1と設定している。

表4　A中学校における年間指導計画の例（表1）を踏まえた第1学年1学期の総括時の検討例

単元名		体つくり運動		陸上競技		球技ゴール型		総括（平均値） <比率>	評定 （平均値）
時間数		4		10		10			
項目		評価	規準数	評価	規準数	評価	規準数		
生徒X	知	B B (3)(3)	2	A° A (5)(4)	2	A A° (4)(5)	2	A or B (4.00)	4 or 3 (3.72)
	技	/		B B (3)(3) A A° (4)(5)	4	B A (3)(4) B (3)	3	A or B (3.57)　→ A or B (3.77) <xx%>	
	思	A A (4)(4)	2	B B (3)(3)	2	A A (4)(4) B (3)	3	A or B (3.57) <xx%>	
	態	B (3)	1	A° A (5)(4)	2	B A (3)(4)	2	A or B (3.80) <xx%>	

※本事例では体育分野に限定して考え方の例を示している。

保健体育科（体育分野）　　事例2
キーワード　「知識・技能」の評価

単元名	内容のまとまり
器械運動（マット運動） 　　第1学年	第1学年及び第2学年「B　器械運動」

　本事例は，「知識・技能」の評価について，器械運動(マット運動)を例に検討した事例である。

　体育の学習においては，「知識・技能」を総括した評価を提示するだけでは，生徒自身が自らの学びを改善するための情報が不足することが考えられる。そのため，知識と技能の関連を図りながら指導を充実した上で，知識と技能それぞれの学習状況を生徒に適切にフィードバックできるようにすることが大切である。

Ⅰ 「知識及び技能」の指導と「知識・技能」の観点別学習状況の評価

1 学習指導要領解説における知識の考え方

　学習指導要領解説では「知識」について，「体の動かし方や用具の操作方法などの具体的な知識と，運動の実践や生涯スポーツにつながる概念や法則などの汎用的な知識で示している。これは，生涯にわたる豊かなスポーツライフの実現に向けては，特定の運動種目等の具体的な知識を理解することが学習の最終的な目的ではなく，学習する運動種目等における具体的な知識と汎用的な知識との往還を図ったり，運動に関する領域と体育理論等との関連を図る中で，各領域の特性や魅力を理解したり，運動やスポーツの価値等を理解したりすることができるよう，知識に関する学習指導の更なる充実が求められる」とされている。

　また，「これらの指導に際しては，具体的な知識と汎用的な知識を関連させて理解できるようにするとともに，運動の行い方や健康・安全の確保の仕方などの科学的知識を基に運動の技能を身に付けたり，運動の技能を身に付けることでその理解を一層深めたりするなど知識と技能を関連させて学習できるようにすることが大切である」とされている。

2 器械運動(マット運動)における具体的な指導事項及び「知識・技能」の評価

　本事例で取り上げる器械運動の「知識及び技能」の具体的な指導事項は，例示を拠り所として，第1学年及び第2学年の器械運動の具体的な指導事項（表1）の太枠の中から当該単元の指導事項を配置するとともに，「単元の評価規準」を設定している。

　器械運動の「知識」は，「運動の特性や成り立ち」，「技術（技）の名称や行い方」，「その運動に関連して高まる体力」，「発表会のねらいや行い方」などを指導し評価することが求められる。

　「技能」では「器械運動では，生徒の技能・体力の程度に応じて条件を変えた技，発展技などに挑戦するとともに，学習した基本となる技の出来映えを高めることも器械運動の特性や魅力に触れる上で大切であることから，発展技の例示を示すとともに，技の出来映えの質的変化を含めた指導内容の整理をしている」としている。

　このことから，器械運動では，体の柔らかさ，力強さ，巧みさなどの生徒の体力や技能の程度の違いを踏まえ，個に応じた学習可能な学習課題を提示し，「基本的な技を滑らかに行うこと，

条件を変えて行うこと，発展させて行うこと」などの技の難易度とその出来映えといった視点から学習評価を検討することが求められる。

表1　第1学年及び第2学年　器械運動の具体的な指導事項

知識及び技能		思考力，判断力，表現力等	学びに向かう力，人間性等
○知識 ①器械運動には多くの「技」があり，これらの技に挑戦し，その技ができる楽しさや喜びを味わうことができること。 ・器械運動は，種目に応じて多くの「技」があり，技の出来映えを競うことを楽しむ運動として多くの人々に親しまれてきた成り立ちがあること。 ・技の名称は，運動の基本形態を示す名称と，運動の経過における課題を示す名称によって名づけられていること。 ②技の行い方は技の課題を解決するための合理的な動き方のポイントがあること。 ・器械運動は，それぞれの種目や系などにより主として高まる体力要素が異なること。 ・発表会には，学習の段階に応じたねらいや行い方があること。	○技能 ①体をマットに順々に接触させて回転するための動き方や回転力を高めるための動き方で，基本的な技の一連の動きを滑らかにして回ること。 ・開始姿勢や終末姿勢，組合せの動きや手の着き方などの条件を変えて回ること。 ・学習した基本的な技を発展させて，一連の動きで回ること。 ②全身を支えたり突き放したりするための着手の仕方，回転力を高めるための動き方，起き上がりやすくするための動き方で，基本的な技の一連の動きを滑らかにして回転すること。 ・開始姿勢や終末姿勢，手の着き方や組合せの動きなどの条件を変えて回転すること。 ・学習した基本的な技を発展させて，一連の動きで回転すること。 ③バランスよく姿勢を保つための力の入れ方，バランスの崩れを復元させるための動き方で，基本的な技の一連の動きを滑らかにして静止すること。 ・姿勢，体の向きなどの条件を変えて静止すること。 ・学習した基本的な技を発展させて，バランスをとり静止すること。 ※ここでは，イ，ウ，エは省略している	①提示された動きのポイントやつまずきの事例を参考に，仲間の課題や出来映えを伝えること。 ・提供された練習方法から，自己の課題に応じて，技の習得に適した練習方法を選ぶこと。 ・学習した安全上の留意点を，他の学習場面に当てはめ，仲間に伝えること。 ・仲間と協力する場面で，分担した役割に応じた活動の仕方を見付けること。 ②体力や技能の程度，性別等の違いを踏まえて，仲間とともに楽しむための練習や発表を行う方法を見付け，仲間に伝えること。	・器械運動の学習に積極的に取り組もうとすること。 ・よい技や演技に称賛の声をかけるなど，仲間の努力を認めようとすること。 ①練習の補助をしたり仲間に助言したりして，仲間の学習を援助しようとすること。 ・一人一人の違いに応じた課題や挑戦を認めようとすること。 ②健康・安全に留意すること。

（表中の丸数字は，本事例の第1学年で取り扱う指導事項を示している。）

3　カリキュラム・マネジメントに基づく第1学年の「単元の評価規準」の設定
（1）第1学年における指導事項の整理

　本事例で示したB校では，第1学年では，マット運動と鉄棒運動を行い，第2学年では，器械運動の全ての種目から一つ選択して取り組む指導計画を作成している。

　第1学年では，事例1の重点化の考え方に基づき，表1の知識の①，②を重点的に指導することとするが，②については，取り扱う技に応じた知識を指導し，評価を行うこととなる。

　マット運動の技能については，第1学年では，回転系（接転技群，ほん転技群），巧技系（平均立ち技群）の基本的な技を取り上げ，基本的な運動課題をもつ技を確実に習得させた上で，第2学年では，個々の体力や技能の程度に応じて，条件を変えた技や発展技を含めて自己の課題を設定し取り組むこととした。

　同時に，「技の名称や行い方」に関する知識については，表1の「②技の行い方には技の課題を解決するための合理的な動き方のポイントがあること」を具体的に指導し評価するため，図1にある【技（技能）に関連した知識の整理の例】で示すように，「どのように行うのか（コツなどの具体的な知識）」と，「なぜ，何のために行うのか（技群に共通する汎用的な知識）」，「どのような方法で行うのか（方法的な知識）」に分けて整理した。

図1　本時例における第1学年マット運動の「知識及び技能」の具体的指導事項

○知識
①器械運動には多くの「技」があり，これらの技に挑戦し，その技ができる楽しさや喜びを味わうことができること。

②技の行い方は技の課題を解決するための合理的な動き方のポイントがあること。

【技（技能）に関連した知識の整理の例】

	汎用的な知識	具体的な知識	方法的な知識
	運動を支える原理，原則，意義「何のために」行うのか	運動の行い方のポイント・コツ「どのように」行うのか	課題解決の仕方，運動観察の仕方「どんな方法で」行うのか（改善できるのか）
接転技群	・順次接触するため ・回転力を高めるため	・おへそを見る ・あごを引く　など	・ゆりかご ・大きなゆりかご ・坂道を利用する　など
ほん転技群	・支えるため，突き放すため ・回転力を高めるため ・起き上がりやすくするため	・タイミングよくそる ・大きく足を振り上げる ・手と足の距離を近づける　など	・かえるの足うち ・腕立て横跳び越し ・大きなゆりかごからのブリッジ ・段差の利用　など
平均立ち技群	・バランスを保つため ・崩れを復元するため	・視点を意識する ・重心を意識する　など	・背支持倒立 ・三角形の印をつける　など

○技能
①体をマットに順々に接触させて回転するための動き方や回転力を高めるための動き方で，基本的な技の一連の動きを滑らかにして回ること。

技群	グループ	基本的な技（主に小5・6で例示）
接転	前転	前転　開脚前転／補助倒立前転
	後転	後転　開脚後転

②全身を支えたり突き放したりするための着手の仕方，回転力を高めるための動き方，起き上がりやすくするための動き方で，基本的な技の一連の動きを滑らかにして回転すること。

技群	グループ	基本的な技（主に小5・6で例示）
ほん転	倒立回転・倒立回転跳び	側方倒立回転 倒立ブリッジ
	はねおき	頭はねおき

③バランスよく姿勢を保つための力の入れ方，バランスの崩れを復元させるための動き方で，基本的な技の一連の動きを滑らかにして静止すること。

技群	グループ	基本的な技（主に小5・6で例示）
平均立ち	片足平均立ち	片足平均立ち
	倒立	頭倒立 補助倒立

第3編
事例2

（2）「単元の評価規準」の設定

　これらの具体的な指導事項を踏まえ，第1学年における器械運動（マット運動）の「単元の評価規準」を下記のとおり設定した。

知識・技能		思考・判断・表現	主体的に学習に取り組む態度
○知識 ①器械運動には多くの「技」があり，これらの技に挑戦し，その技ができる楽しさや喜びを味わうことについて，言ったり書き出したりしている。 ②技の行い方は技の課題を解決するための合理的な動き方のポイントがあることについて，学習した具体例を挙げている。	○技能 ①体をマットに順々に接触させて回転するための動き方や回転力を高めるための動き方で，基本的な技の一連の動きを滑らかにして回ることができる。 ②全身を支えたり突き放したりするための着手の仕方，回転力を高めるための動き方，起き上がりやすくするための動き方で，基本的な技の一連の動きを滑らかにして回転することができる。 ③バランスよく姿勢を保つための力の入れ方，バランスの崩れを復元させるための動き方で，基本的な技の一連の動きを滑らかにして静止することができる。	①提示された動きのポイントやつまずきの事例を参考に，仲間の課題や出来映えを伝えている。 ②体力や技能の程度，性別等の違いを踏まえて，仲間とともに楽しむための練習や発表を行う方法を見付け，仲間に伝えている。	①練習の補助をしたり仲間に助言したりして，仲間の学習を援助しようとしている。 ②健康・安全に留意している。

（3）指導と評価の計画の作成

　本事例においては，図2に示したとおり，知識①については，1時間目に器械運動の特性について指導し，その時間に学習カードに記載させて評価している。知識②については，2時間目〜4時間目にかけて，各技群の具体的な知識（どのように行うのか）と汎用的な知識（何のために行う

のか)を組み合わせて指導を行い，それぞれの時間に行い方のポイント等を記載させ，4時間目に知識②の評価を行っている。

　技能①～③については，知識②との関連を図り，主体的・対話的で深い学びを引き出すための学習カードを活用するとともに，事前に作成した「努力を要する」状況（C）と判断される生徒への手立てを行い，指導と評価の充実を図っている。

図2　器械運動(マット運動)　第1学年における指導と評価の計画の例

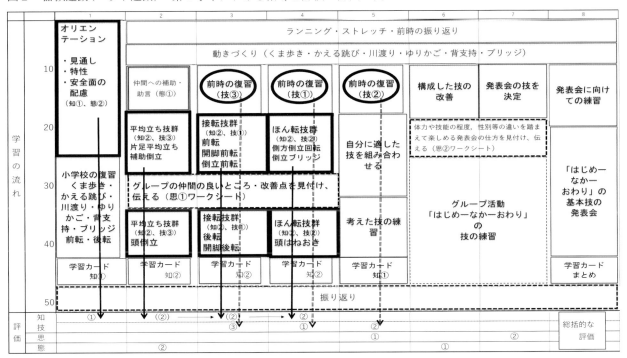

4　知識の指導と評価の実際

（1）学習カードの工夫

　次の学習カードは，評価規準（知識①）の記述状況と，評価規準（知識②）：「技の行い方は技の課題を解決するための合理的な動き方のポイントがあることについて，学習した具体例を挙げている」を評価する学習カードの例を示している。

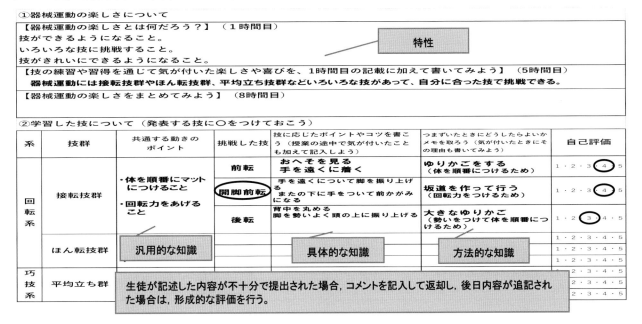

（2）学習カードの活用の仕方と指導の工夫

知識の評価に当たっては，教師が学習カードの記述を点検し，学習内容が十分に書きこめていない生徒には記述の充実に向けた追加の問いを行うなど，学習カードにコメントを返し，理解を促すとともに，単元の経過の中で形成的な評価を行っている。

知識①については，1時間目に特性の知識の指導を行い，その時間に記述させて評価しているが，2～4時間目に技群ごとに技能の学習を行い，5時間目に自分に合った技の組合せを行っている。これらの技の練習と習得を踏まえ，器械運動は多くの技があり，それらの技に挑戦しできるようになる楽しさや喜びがあることを実感として捉えた上で，5時間目に学習カードに記述する時間を設けるなどの工夫をしている。

また，6～8時間目で，自己の体力や技能に応じた技を組み合わせて発表会を行い，技の出来映えを競う楽しさや喜びを経験した上で，8時間目に器械運動の特性をまとめる時間を設けている。

更に，知識②については，前述のとおり，技（技能）に関連した知識を整理（図1）した上で，技能との関連を図り，技の練習や習得の過程でポイントやコツを記述できるようにするとともに，単元の最後に記述する時間を設けるなどの工夫をしている。

（3）「知識」の評価における実現状況を判断する目安と具体例の作成

本事例では，知識の評価で活用する実現状況を判断する目安と具体例を作成し，それを踏まえて知識の評価を行っている。これは，「十分満足できる」状況（A）と判断される生徒，「おおむね満足できる」状況（B）と判断される生徒，「努力を要する」状況（C）と判断される生徒についての実現状況と，その段階の特徴となる判断の目安及び具体例から作成している。

ア　知識①の実現状況を判断する目安と具体例

評価規準（知識①）：器械運動には多くの「技」があり，これらの技に挑戦し，その技ができる楽しさや喜びを味わうことができることについて，言ったり書き出したりしている。

実現状況	判断の目安	具体例（生徒の回答例）
十分満足 （A）	本単元の進行に伴って，器械運動の特性が具体的に加筆されている。	・いろいろな技があったけど，自分に合った技を選んで挑戦できるところが楽しい。 ・私は○○の技を選んだけど，自分に合った技ができるようになることが楽しい。 ・発表会のときに，みんなの前で自分の思ったとおりの発表ができたことが楽しい。
おおむね満足 （B）	教師が伝えた器械運動の特性が記述されている。	・いろいろな技に挑戦すること。 ・技ができるようになること。 ・技の出来映えを認め合うこと。
努力を要する （C）	器械運動の特性に関する記述がない。	・友達から教えてもらった。 ・体が柔らかい人が上手にできる。

イ　知識②の実現状況を判断する目安と具体例

評価規準（知識②）：技の行い方は技の課題を解決するための合理的な動き方のポイントがあることについて，学習した具体例を挙げている。

実現状況	判断の目安	具体例（生徒の回答例）
十分満足 （A）	挑戦した技のポイントやコツなどの具体的な知識と汎用的な知識が関連付けて記述されている。	・おへそを見ることで，体が丸まり，マットに後頭部→背中→腰の順番に着くことができる。 ・手を遠くに着くことで回転力が上がる。
おおむね満足 （B）	挑戦した技のポイントやコツなどの具体的な知識を記述している。	・おへそを見る。 ・手を遠くに着く。

| 努力を要する
（C） | 挑戦した技のポイントやコツが記述されていない。 | ・頑張って回る。
・気合を入れる。 |

5 技能の指導と評価の実際

（1）主体的・対話的で深い学びを引き出すための学習カードの充実

　本事例では，「努力を要する」状況（C）と判断される生徒への手立てとともに，主体的・対話的で深い学びを引き出すために学習カードの充実を図った。具体的には，生徒自身が，技の習得の段階を自己申告し，その段階に応じて，相互にアドバイスする活動が充実するようアドバイス・カード（課題発見のための動きの視点カード）（表2）を作成し，指導の手立てとした。また，実際の授業場面においては，資料として，技の行い方について，はじめ―なか―おわりの動きのポイントを示したイラストとともにポイントやコツを示した図解を準備した。

表2　アドバイス・カード（課題発見のための動きの視点カード）：相互観察の際に，自身の段階を伝えアドバイスをもらおう

	技の習得の段階 （自己申告）	仲間にアドバイスする際の視点	仲間への言葉かけのポイント
1	技の感覚がつかめていない	技の良い見本と比較して，汎用的な知識の視点を踏まえて，感覚づくりの運動などの方法的な知識についてアドバイスをする	良い点を見付けて伝える。 例：○○のために，感覚づくりの運動をやってみよう。 　：大きなゆりかごをやって，○○ができるようにしてみよう。　など
2	できそうな気がする	技の途中の動きなど，技の個々の場面に注目して，汎用的な知識の視点を踏まえて，「どのように」行うのか（具体的な知識）についてアドバイスをする	局面（準備，主要，終末）でのそれぞれの動きのポイントを伝える。 例：△△の場面で手を遠くに着こう。　など
3	たまたまできる		
4	意識すればできる	全体の動きの流れに注目して，アドバイスをする	リズムやタイミング，バランスなどを表す言葉を伝える。 例：とん・くるん・パッのパッのところ。 　：手を突き放すタイミングをもう少し早くしてみよう。　など
5	自然とできる	指先や伸身，足先の姿など，技の完成度に注目してアドバイスをする	視線，指先や脚の形などの細部の出来映えを伝える。 例：膝が曲がっている。 　：他の技と組み合せてもスムーズにできるかな。　など

（2）「技能」の評価における実現状況を判断する目安と具体例の作成

　器械運動の各種目には多くの技があり，その技に挑戦し，技をよりよく行うことができるようにすることが求められる。本事例では，それぞれの技をよりよく行うことができたかを効果的に評価するために，「十分満足できる」状況（A）と判断される生徒，「おおむね満足できる」状況（B）と判断される生徒，「努力を要する」状況（C）と判断される生徒の実現状況の判断の目安とその具体例を作成し，それを踏まえて技能の評価を行った。また，「努力を要する」状況（C）と判断される生徒への手立ても併せて事前に作成した。

接転技群の実現状況を判断する目安と具体例
評価規準（技能①）：体をマットに順々に接触させて回転するための動き方や回転力を高めるための動き方で，基本的な技の一連の動きを滑らかにして回ることができる。

基本的な運動課題	実現状況	判断の目安	具体例（特徴的な動き）
滑らかさ 順次接触 回転力	十分満足 （A）	体をマットに順々に接触させて回転するための動き方と，回転力を高めるための動き方の技能が十分に発揮され，一連の動きが途切れることなく，タイミングよくスムーズに回転している。	・スピードに乗れている。 ・動きにメリハリがある。 ・大きな弧をつくって回転している。 ・手の平をしっかりついてタイミングよく押したり突き放したりしている。 ・足を大きく振り上げて回っている。
	おおむね満足 （B）	体をマットに順々に接触させて回転するための動き方と，回転力を高めるための動き方が見られ，一連の動きが途切れることなく回転している。	・体を丸めて回転している。 ・ぎこちないが回転している。 ・不安定でも技の終末姿勢がとれる。
	努力を要する （C）	・体をマットに順々に接触させて回転する動きのみ見られるが，回転後座位で終了している。 ・順次接触は見られない。	・勢いが足りなくて戻ってしまう。 ・背中から落ちてしまう。 ・技が途切れている。 ・真っ直ぐ回れない。

【 「努力を要する」状況（C）と判断される生徒への手立て（開脚前転の例）】
○　知識の習得状況を確認し，具体的な知識と汎用的な知識を結びつける指導を行うとともに，体をマットに順々に接触させるために「ゆりかご」などの感覚づくりの指導を行う。
○　体を小さく丸くして回れるようになったら，回転力を高めるために腰を大きく開いて回ること（大きなゆりかご）ができるよう指導する。
○　背支持倒立から転がり立ち上がるなどして，順次接触と回転力の感覚づくりを行う。また，場の工夫として坂道などを作り，回転力が高まった時の手の着く位置や体を前傾する感覚をつかませる。

※ほん転技群，平均立ち技群については省略

II　「知識・技能」の観点別学習状況の評価の総括

　ここでは，事例１の「表１　A中学校における年間指導計画の例（第１学年及び第２学年抜粋）」を基に，第１学年１学期の「知識・技能」の総括について説明する。（※本事例では体育分野に限定して，考え方の例を示している）

　なお，A中学校では，指導と評価の計画において，それぞれの領域の評価規準数を，「体つくり運動」では，知識２，「陸上競技」では知識２，技能４，「球技」では知識２，技能３としている。また，数値化するときは，Aを３，Bを２，Cを１と設定している（表３）。

表３　A中学校における第１学年１学期の「知識・技能」の総括時の検討例①

単元名		体つくり運動		陸上競技		球技（ゴール型）		総括（平均値）の例	
時間数		4		10		10			
項目		評価	規準数	評価	規準数	評価	規準数		
生徒X	知	B（2） B（2）	2	A（3） A（3）	2	A（3） A（3）	2	A （2.67）	A （2.54）
	技			B（2） B（2） A（3） A（3）	4	B（2） A（3） B（2）	3	B （2.43）	

1　A，B，Cの組合せに基づいて総括する例

　三つの単元の「知識」の評価はB，B，A，A，A，Aとなり，Aが半数以上となっていることから，「数の多い方の評価とする」という事前の取り決めによりAと総括している。

　同様に，「技能」の評価はB，B，A，A，B，A，Bとなり，Bが半数以上となっていることから，「数の多い方の評価とする」という事前の取り決めによりBと総括している。

　「知識・技能」の総括は，「知識」A，「技能」Bとなる。「知識」と「技能」の評価が，例えば，「AA」の場合はA，「BB」の場合はBとすること，「AB」「BA」の場合は，「知識」と「技能」の全ての評価の数を比べて多い方の評価とすることを事前に取り決めしており，Aが7，Bが6となっていることから，Aと総括している。

2　A，B，Cを数値に表したものに基づいて総括する例

A中学校で設定した総括の基準の例
A＞2.50　　2.50≧B≧1.50　　1.50＞C

　三つの単元の「知識」の評価は，B（2），B（2），A（3），A（3），A（3），A（3）となり，数値の合計は「16」となる。「知識」の平均は「2.67」となり，Aと総括する。

　同様に，「技能」の評価は，B（2），B（2），A（3），A（3），B（2），A（3），B（2）となり，数値の合計は「17」となる。「技能」の平均は「2.43」となり，Bと総括する。

　以上のことから，「知識・技能」の総括は，「2.54」となり，「知識・技能」の評価は，Aと総括する。

　上記の例では，いずれの場合も「知識・技能」はAと総括しているが，「知識」と「技能」を個別にみると，「知識」はA，「技能」はBとなっている。「知識」と「技能」の観点別学習状況の評価を個々に行うことで，それぞれの学習状況を生徒へフィードバックし，生徒自身の学習改善に生かしたり，教師の指導改善に生かしたりすることが大切である。

　体育分野の「知識及び技能」においては，各領域の特性や魅力及び運動やスポーツの価値等を理解するとともに，各領域の特性や魅力に応じた楽しさや喜びを味わうことができるようにすることが求められる。豊かなスポーツライフの実現に向けて，「知識」と「技能」をバランスよく指導し，バランスよく評価することが大切である。併せて「知識及び技能」「思考力，判断力，表現力等」「学びに向かう力，人間性等」の三つの資質・能力についてもバランスよく指導し，バランスよく評価することが重要である。

　なお，A中学校保健体育科では，1学期に1時間実施した体育理論は，3時間分をまとめて3学期に総括すること，6時間実施した水泳は2学期まで継続することから，2学期の総括に含めることを事前に申し合わせ，年間指導計画及び指導と評価の計画に示している。また，各領域の指導事項数は授業時間数を踏まえて配置していることから，数値に表して総括する場合は，評価規準の数（指導事項数）で平均値を算出すること及び小数点以下2位までの平均値で総括することを，オリエンテーション時に生徒に伝えるなどの配慮をしている。

　参考として，各観点における学習状況の評価を，「A゜，A，B，C，C△」の5段階で評価し，評定への総括に備える例を以下に示す（表4）。なお，数値化するときは，A゜を5，Aを4，Bを3，Cを2，C△を1と設定している。

表4　A中学校における第1学年1学期の総括時の検討例②

単元名		体つくり運動		陸上競技		球技ゴール型		総括（平均値）	
時間数		4		10		10			
項目		評価	規準数	評価	規準数	評価	規準数		
生徒X	知	B B (3)(3)	2	A゜ A (5)(4)	2	A A゜ (4)(5)	2	AorB 4.00	AorB 3.77
	技			B B (3)(3) A A゜ (4)(5)	4	B A B (3)(4)(3)	3	AorB 3.57	

保健体育科（体育分野）　　　事例３
キーワード　「思考・判断・表現」の評価

単元名	内容のまとまり
武道（柔道） 第２学年	第１学年及び第２学年「 F　武道」

　本事例では，武道（柔道）における「思考・判断・表現」の観点別学習状況の評価の事例を取り上げる。第１学年及び第２学年の指導事項である「学習した安全上の留意点を，他の学習場面に当てはめ，仲間に伝えること。」は，「体力，健康・安全に係る思考力，判断力，表現力等」に関する例示である。本単元では，学びに向かう力，人間性等の指導内容である「健康・安全」や保健分野での学習成果等と関連を図るカリキュラム・マネジメントの視点を取り入れるとともに，学習カードを活用し，学習状況を評価する工夫を紹介する。

1　カリキュラム・マネジメントの視点からみた本単元における指導の工夫

　本事例で取り上げる武道においては，第１学年の12時間（柔道，剣道の選択）の中で，技能の「相手の動きに応じた基本動作（進退動作，受け身など）」や学びに向かう力，人間性等の「禁じ技を用いないなど健康・安全に留意している」などを学習している。また，第２学年の保健「３　傷害の防止」において，「交通事故や自然災害などによる傷害は，人的要因や環境要因などが関わって発生すること」を学習している（図１，表１）。

　本単元では，これらの学習を生かし，思考力，判断力，表現力等の例示である「学習した安全上の留意点を，他の学習場面に当てはめ，仲間に伝えること。」の学習に取り組む。さらに，本事例で学んだ成果を次学期に行う体育理論「(ウ)　安全な運動やスポーツの行い方」につなげていく計画を作成している。

図１　第１学年及び第２学年の指導計画（例）

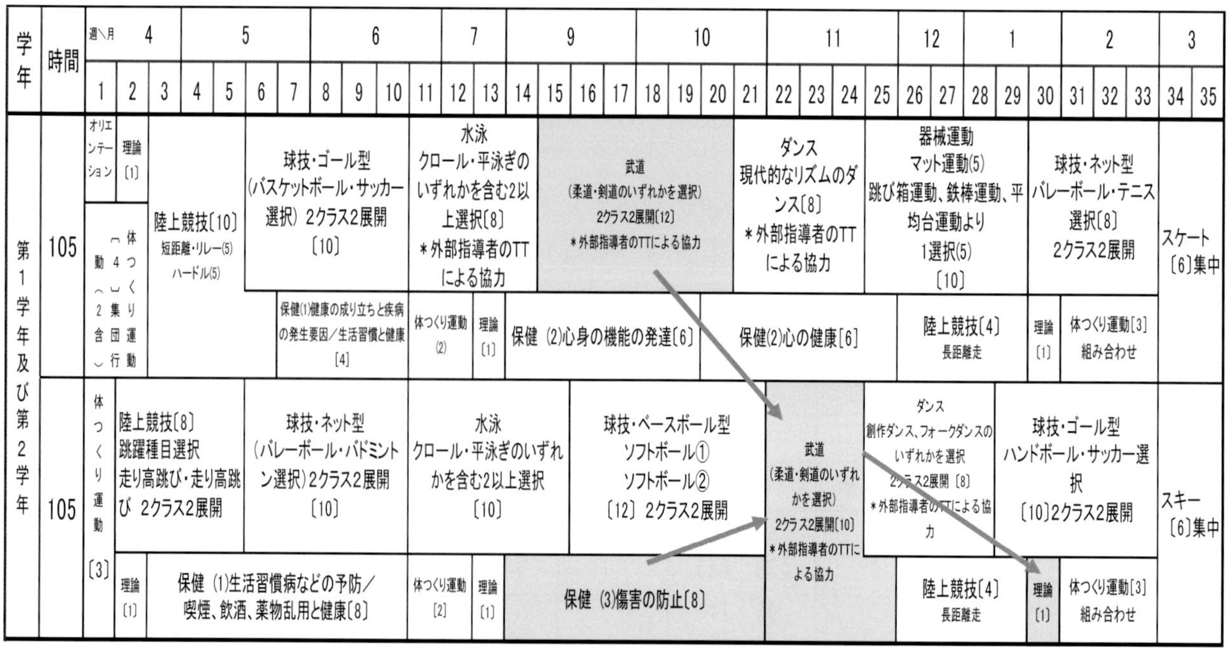

表1 健康・安全に関する他の領域，単元及び保健分野の指導事項との関連

学年	単元等	内容・例示	指導事項
第1学年	武道（柔道）	〔学びに向かう力，人間性等〕禁じ技を用いないなど健康・安全に留意すること。	●安全上の留意点 ・体調の変化などに気を配ること，危険な動作や禁じ技を用いないこと，けがや事故につながらないよう畳の状態などを整えること，練習や試合の場所などの自己や仲間の安全に留意することや，技の難易度を踏まえ，自己の体調や技能の程度に応じて技に挑戦すること。 ・体調に異常を感じたら運動を中止すること，畳などの設置の仕方及び起きやすいけがの事例を理解し，取り組めるようにすること。 〈禁じ技〉 ・自らの腕や脚，襟を用いて，相手の頸を攻める締め技 ・相手の関節を逆にまげたり，ねじったりして相手を攻める関節技 〈起きやすいけがの事例〉 ・不十分な受け身によるけが ・畳の隙間に足をとられるけが ・近接した場所での他者との接触　など
第2学年	保健（3）傷害の防止	(ア) 交通事故や自然災害などによる傷害の発生要因	交通事故や自然災害などによる傷害は，人的要因，環境要因及びそれらの相互の関わりによって発生すること，人的要因としては，人間の心身の状態や行動の仕方について，環境要因としては，生活環境における施設・設備の状態や気象条件などについて理解できるようにする。

第2学年　武道（柔道）
　○禁じ技を用いないなど健康・安全に留意すること
　・体調の変化などに気を配ること
　・危険な動作や禁じ技を用いないこと
　・けがや事故につながらないよう畳の状態などを整えること
　・練習や試合の場所などの自己や仲間の安全に留意すること
　・技の難易度を踏まえ，自己の体調や技能の程度に応じて技に挑戦すること

　○学習した安全上の留意点を，他の学習場面に当てはめ，仲間に伝えること

学年	単元等	内容・例示	指導事項
第2学年	体育理論（2）	(ウ) 安全な運動やスポーツの行い方	安全に運動やスポーツを行うためには，特性や目的に適した運動やスポーツを選択し，発達の段階に応じた強度，時間，頻度に配慮した計画を立案すること，体調，施設や用具の安全を事前に確認すること，準備運動や整理運動を適切に実施すること，運動やスポーツの実施中や実施後には，適切な休憩や水分補給を行うこと，共に活動する仲間の安全にも配慮することなどが重要であることを理解できるようにする。

2　単元の目標

(1) 次の運動について，技ができる楽しさや喜びを味わい，（武道の特性や成り立ち），（伝統的な考え方），技の名称や行い方，（その運動に関連して高まる体力）などを理解するとともに，基本動作や基本となる技を用いて簡易な攻防を展開することができるようにする。
　ア　柔道では，相手の動きに応じた基本動作や基本となる技を用いて，投げたり抑えたりするなどの簡易な攻防をすることができるようにする。

(2) 攻防などの自己の課題を発見し，合理的な解決に向けて運動の取り組み方を工夫するとともに，自己の考えたことを他者に伝えることができるようにする。

(3) （武道に積極的に取り組むとともに），相手を尊重し，伝統的な行動の仕方を守ろうとすること，（分担した役割を果たそうとすること），一人一人の違いに応じた課題や挑戦を認めようとすることなどや，（禁じ技を用いないなど健康・安全に気を配ること）ができるようにする。

3　本単元における指導内容と「単元の評価規準」の整理表

　学習指導要領解説において，思考力，判断力，表現力等とは，「各領域における学習課題に応じて，これまでに学習した内容を学習場面に適用したり，応用したりして，他者に伝えることである」と示されている。そのため，生徒が思考し，判断することができるようにするための知識や技能を検討するとともに，活用させる場面の設定やどのような活動をさせるのか，について具体化することが求められる。

　こうした点からも，各指導内容や評価規準を整理し，指導内容間のつながりを確認しておくことが重要となる。

表2　具体的な指導内容と「単元の評価規準」

知識及び技能		思考力，判断力，表現力等	学びに向う力，人間性等
知識	技能		
柔道の技には名称があり，それぞれの技を身に付けるための技術的なポイント（体さばきや崩し等）があること。 ①武道の技には名称があり，それぞれの技を身に付けるための技術的なポイントがあることについて，学習した具体例を挙げている。 自由練習の延長上の，ごく簡易な試合におけるルール，審判及び運営の仕方があること。 ②試合の行い方には，ごく簡易な試合におけるルール，審判及び運営の仕方があることについて，学習した具体例を挙げている。	取は体落としをかけて投げ，受は受け身をとること。 （指導は行うが評価は行わない事項：第1学年で評価済） 取は大腰をかけて投げ，受は受け身をとること。 （指導は行うが評価は行わない事項：第1学年で評価済） かかり練習や約束練習等の段階的な練習方法で，取は大外刈りをかけて投げ，受は受け身をとること。 ①取は大外刈りをかけて投げ，受は受け身をとることができる。 受はけさ固めや横四方固めで抑えられた状態から，相手を体側や頭方向に返すこと。 ②受はけさ固めや横四方固めで抑えられた状態から，相手を体側や頭方向に返すことができる。	提示された，技の理合やつまずきの事例を参考に，仲間の課題や体さばき等の動きの状況を伝えること。 ①提示された動きのポイントやつまずきの事例を参考に，仲間の課題や出来映えを伝えている。 学習した安全上の留意点を，新しい技の習得や課題別に取り組む練習場面等に当てはめ，仲間に伝えること。 ②学習した安全上の留意点を，他の学習場面に当てはめ，仲間に伝えている。 共に学習を進める仲間の体力や技能の程度，性別等の違いを踏まえて，練習や簡易な試合を行う方法を見付け，仲間と伝え合うこと。 ③体力や技能の程度，性別等の違いを踏まえて，仲間とともに楽しむための練習や簡易な試合を行う方法を見付け，仲間に伝えている。	相手を尊重する気持ちを込めて，独自の作法や所作等を守ろうとすること。 ①相手を尊重し，伝統的な行動の仕方を守ろうとしている。 各自が選んだ技やその課題，練習方法や到達目標等を認めようとすること。 ②一人一人の違いに応じた課題や挑戦を認めようとしている。 禁じ技を用いないなど健康・安全に留意すること。 （指導は行うが評価は行わない事項：第1学年で評価済）

4　指導と評価を一体化して進める計画例

図2　武道(柔道)第2学年における指導と評価の計画の例

単元の目標	知識及び技能	次の運動について，技ができる楽しさや喜びを味わい，(武道の特性や成り立ち)，(伝統的な考え方)，技の名称や行い方，(その運動に関連して高まる体力)などを理解するとともに，基本動作や基本となる技を用いて簡易な攻防を展開することができるようにする。 ア　柔道では，相手の動きに応じた基本動作や基本となる技を用いて，投げたり抑えたりするなどの簡易な攻防をすることができるようにする。
	思考力，判断力，表現力等	攻防などの自己の課題を発見し，合理的な解決に向けて運動の取り組み方を工夫するとともに，自己の考えたことを他者に伝えることができるようにする。
	学びに向かう力，人間性等	(武道に積極的に取り組むとともに)，相手を尊重し，伝統的な行動の仕方を守ろうとすること，(分担した役割を果たそうとすること)，一人一人の違いに応じた課題や挑戦を認めようとすることなどや，(禁じ技を用いないなど健康・安全に気を配ること)ができるようにする。

		1	2	3	4	5	6	7	8	9	10

学習の流れ（0〜50）

評価機会	知					①				②	総括的な評価
	技						②	①			
	思					①		②	③		
	態		①			②					

単元の評価規準	知	①武道の技には名称があり，それぞれの技を身に付けるための技術的なポイントがあることについて，学習した具体例を挙げている。【学習カード】 ②試合の行い方には，ごく簡易な試合におけるルール，審判及び運営の仕方があることについて，学習した具体例を挙げている。【学習カード】
	技	①取は大外刈りをかけて投げ，受は受け身をとることができる。【観察】 ②受はけさ固めや横四方固めで抑えられた状態から，相手を体側や頭方向に返すことができる。【観察】
	思	①提示された動きのポイントやつまずきの事例を参考に，仲間の課題や出来映えを伝えている。【学習カード，観察】 ②学習した安全上の留意点を，他の学習場面に当てはめ，仲間に伝えている。【学習カード，観察】 ③体力や技能の程度，性別等の違いを踏まえて，仲間とともに楽しむための練習や簡易な試合を行う方法を見付け，仲間に伝えている。【学習カード，観察】
	態	①相手を尊重し，伝統的な行動の仕方を守ろうとしている。【観察，学習カード】 ②一人一人の違いに応じた課題や挑戦を認めようとしている。【観察，学習カード】

① 　第1学年で学習した「健康・安全」に関する知識と，第2学年保健分野で学習した「健康・安全」に関する指導事項等を復習する。学習カードに重要事項を生徒自身に記述させることで意識化を図る。

② 2時間目以降，けがや事故につながりそうな場面や状況に気付いたり，体験したりしたことを，「ヒヤリ・ハット！」事例として学習カードに蓄積させる。

③ 4時間目から新出の刈り技系の学習に入り，技のポイントや技に連動した受け身等の学習場面で，これまで学習した知識や「ヒヤリ・ハット！」事例の蓄積を活用して，安全確保に必要なことを仲間と考えさせる場面を設定している。

④ 7時間目から，選んだ技別に課題解決的な学習に取り組む時間となること，また，自由練習の延長上のごく簡単な試合が始まるため，この場面を「学習した安全上の留意点を，他の学習場面に当てはめ，仲間に伝えること」の最適な指導と評価の場面と捉えた。ここで，これまで学習した知識や「ヒヤリ・ハット！」事例の蓄積を活用して，安全確保に必要なことを仲間と考えさせ，自己の考えを広げたり深めたりすることにつなげている。この記述を主な評価資料として活用している。

⑤ 9時間目に，簡易な試合の体験や仲間の発表内容を，10時間目に生かすことができるようにするとともに，10時間目には単元のまとめを行い，柔道で学習した「健康・安全」の学習が他の領域や単元にも生きるように計画している。

5　学習カードの活用例

本事例の「体力，健康・安全についての思考・判断・表現」の評価における，学習カードの活用例を解説する。

習得した知識を基に，活動を振り返ったり，よりよい解決方法を比較したりすることができるように，単元の1時間目のオリエンテーションにおいて，第1学年の「学びに向かう力，人間性等」の「健康・安全」に関する学習及び保健分野の復習を行う。

毎時間の学習の振り返りの際に，「ヒヤリ・ハット！」事例を蓄積するとともに，仲間と情報を交換する。

指導の改善例：発問等を工夫する。
（例）
・この技では，どんなけがや事故が起きそうですか。
・受け身を十分にとることができましたか。
・畳は破れていませんか，穴があいていませんか，隙間や段差はありませんか。

「ヒヤリ・ハット！カード」

柔道の授業の安全な実施に向けて，みんなで考え，仲間と共有しよう

2　年　○　組　00　番　国　研　花　子

1【第1時】柔道の安全について考えよう

「健康・安全」に関する5つのポイント

(1)（　　　）などに気を配ること。

(2) 危険な動作や（　　　）を用いないこと。

(3) けがや事故につながらないよう（　　　）状態などを整えること。

(4) 練習や試合の（　　　）などの自己や仲間の安全に留意すること。

(5) 技の難易度を踏まえ，（　　　）に応じて技に挑戦しよう。

「保健の授業を思い出そう！」

傷害は人的要因，（　　　）要因及び相互の関わりによって発生する。

学習した健康・安全に関する知識を復習しながら，重要事項は生徒が記述し意識化しやすいようにしている。

2【気付いたら記録！】　「ヒヤリ・ハット！」事例

時	月日	ポイント	「ヒヤリ・ハット！」事例や気付き
2	0/00	(3)	畳に少しの隙間があって指をとられそうになりました。
3	0/00	(4)	スペースがなくて隣の人とぶつかりそうになりました。
4	0/00		
5	0/00	(1)	準備運動の柔軟で今日は体が硬いと思ったので，ストレッチをしてから練習しました。
6	0/00		
8	0/00	(2)	取がバランスを崩し前のめりで技をかけそうになりました。
9	0/00		
10			

指導の改善例：学習カードの記入の際に，知識の確認，情報の整理等を中心に，助言する。

3 【第7時】これから自由練習の延長上の「ごく簡単な試合」に取り組みます。
　安全上の留意点について，1年生の時に学習した「健康・安全」に関する5つのポイントや毎時間の「ヒヤリ・ハット！」事例や気付きをもとに，「ごく簡単な試合」で起こりそうなけがや事故を予想し，<u>未然に防ぐアイデアを出し合おう。</u>

記入欄
・自分のアイデア

・よいと思った仲間のアイデア（名前も書いておこう）

4 【第9時】「簡易な試合」をやってみて，また，仲間の発表を聞いて加えることがあれば書いてみよう。

○人的要因	○環境要因

保健分野で「人的要因に対しては，心身の状態や周囲の状況を把握し，判断して，安全に行動すること」を学習している。	保健分野で「環境要因に対しては，環境を安全にするために，環境などの整備，改善をすることがあること」を学習している。

6　「思考・判断・表現」の観点別学習状況の評価と判断の目安

　本事例では「思考・判断・表現」の評価に当たって，評価規準の実現状況を的確に捉えるため，判断の目安を事前に作成し，それに当てはめる形で評価を行った。主に学習カードの記述を評価資料として判断するため，生徒の記述から思考や判断の質の違い，特徴を検討し判断の目安としている。

　なお，本事例では実現状況は，評定への総括を見越し，（A°）（A）（B）（C）（C△）の5段階としている。

表3　評価規準③「学習した安全上の留意点を，他の学習場面に当てはめ，仲間に伝えている。」
　　　の実現状況を判断する目安と記述の状況

実現状況	判断の目安	記述の状況
十分満足 （A°）	安全上の留意点に関する学習した知識や授業中の事例を，他の学習場面で，人的要因，環境要因の視点で分類して当てはめ，状況に応じて修正している。	本単元の進行とともに，Aの内容に加筆されたり，修正されたりしている。
十分満足 （A）	安全上の留意点に関する学習した知識や授業中の事例を，他の学習場面で，人的要因，環境要因の視点で分類して当てはめている。	場面に対応した適切な内容が，視点によって分類，整理され，記述されている。
おおむね満足 （B）	安全上の留意点に関する学習した知識や授業中の事例を他の学習場面に当てはめている。	場面に対応した適切な内容が記述されている。
努力を要する （C）	違う学習場面と関連しない知識や授業中の事例が記述されている。	場面への対応が不足しており，既有の知識やこれまでの気付きのみが記述されている。
努力を要する （C△）	安全上の留意点に関する記述がない。	知識自体が不足している。

<table>
<tr><td colspan="2">保健体育科（体育分野）　　　事例4
キーワード　「主体的に学習に取り組む態度」の評価</td></tr>
</table>

単元名 　ダンス（創作ダンス） 　第3学年	内容のまとまり 第3学年「G　ダンス」

　本事例は，第3学年ダンスにおける「学びに向かう力，人間性等」に示された「一人一人の違いに応じた表現や交流，発表の仕方などを大切にしようとすること(共生)」の指導の充実と，「主体的に学習に取り組む態度」の学習評価に向けて，指導と評価を一体的に捉えるための指導の充実の例及び実現状況の判断の目安等について取り上げる。

1　「学びに向かう力，人間性等」の指導内容と指導の充実に向けた本事例の進め方

　「学びに向かう力，人間性等」は，報告に示されている「各教科等の目標や内容に対応した学習評価が行われることとされており，各教科等によって，評価の対象に特性があることに留意すること」を踏まえ，本事例では，第3学年ダンスにおける「学びに向かう力，人間性等」に示された「共生」の指導と評価について検討した。

　体育分野の「学びに向かう力，人間性等」は，「各領域において愛好的態度及び健康・安全は共通事項とし，公正（伝統的な行動の仕方），協力，責任，参画，共生の中から，各領域で取り上げることが効果的な指導内容を重点化して示している」とされている。ダンスでは，愛好的態度，協力，参画，共生，健康・安全などが重点化して示されているが，本事例では，配当時間数，他領域との関連等を踏まえて「共生」の指導と評価を検討するにあたって，次の手順で進めている。

①　第3学年ダンスにおける「学びに向かう力，人間性等」の指導内容，学習指導要領解説表記，キーワードと想定される姿の例の確認(表1)

②　本事例の第3学年ダンスにおける全ての「単元の評価規準」の作成 (表2)

③　指導と評価の計画における「共生」に関わる指導と評価の確認 (図1)

④　「共生」の指導に関わる時案略案及び学習評価資料の作成

⑤　実現状況の「判断の目安」，「想定される様相」の検討（図2）

2　第3学年ダンスにおける「学びに向かう力，人間性等」の確認及び単元の評価規準

　「学びに向かう力，人間性等」について，学習指導要領に示された指導内容，学習指導要領解説の表記などを確認し，「共生」は，他者との違いに配慮し，それぞれの違いを受け入れている姿を想定する(表1)。また，指導内容を設定する時間数，第1学年及び第2学年の学習状況，高等学校への接続を考慮し，重点化していることを踏まえ，単元の評価規準を設定している(表2)。

表1　第3学年ダンス「学びに向かう力，人間性等」の指導内容，解説表記、キーワードと想定される姿の例

学びに向かう力，人間性等	指導内容	学習指導要領解説表記	キーワードと想定される姿の例
愛好的態度	ダンスの学習に自主的に取り組むこと。	ダンスに自主的に取り組むとは，自己や仲間の課題に応じた練習方法を選択する学習などに自主的に取り組むことなどを示している。そのため，上達していくためには繰り返し粘り強く取り組むことが大切であることなどを理解し，取り組めるようにする。	○自主的 ○課題に応じた ○繰り返し粘り強く取り組む ■単元全体を通した自主的な姿
など（責任）	（自己の責任を果たそうとすること。）	自己の責任を果たそうとすることがある。これは，練習や交流会などで，仲間と互いに合意した役割に責任をもって自主的に取り組もうとすることを示している。そのため，自己の責任を果たすことは，ダンスの学習を円滑に進めることにつながることや，社会生活を過ごす上で必要な責任感を身に付けることにつながることを理解し，取り組めるようにする。	○自己の責任を果たす ○役割に責任をもって取り組む ■練習や交流会における役割や責任行動に取り組む姿
協力	互いに助け合い教え合おうとすること。	互いに助け合い教え合おうとするとは，練習や動きを見せ合う発表などの際に，仲間の動きをよく見たり，互いに課題を伝え合ったり教え合ったりしながら取り組もうとすることを示している。そのため，互いに助け合い教え合うことは，安全を確保したり，課題の解決に役立つなど自主的な学習を行いやすくしたりすることを理解し，取り組めるようにする。	○伝え合う ○教え合う ■他者との関わりの中で、伝える、教えるなどの互恵的に関わり合う姿
参画	作品や発表などの話合いに貢献しようとすること。	話合いに貢献しようとするとは，作品創作や練習や発表・交流などの話合いの場面で，自己やグループの課題の解決に向けて，自己の考えを述べたり，相手の話を聞いたりするなど，グループの話合いに責任をもって関わろうとすることを示している。そのため，相互の信頼関係を深めるためには，相手の感情に配慮しながら発言したり，提案者の発言に同意したりして話合いを進めることなどが大切であることを理解し，取り組めるようにする。	○グループの話合い ○感情に配慮する ○発言に同意する ■グループの話合いで、配慮する、同意するなどの合意形成に取り組む姿
共生	一人一人の違いに応じた表現や役割を大切にしようとすること。	一人一人の違いに応じた表現や役割を大切にしようとするとは，体力や技能の程度，性別や障害の有無等に応じて，自己の状況に合った実現可能な課題の設定や挑戦を大切にしようとしたり，練習や交流及び発表の仕方の修正に合意しようとしたりすることを示している。そのため，様々な違いを超えて踊りを楽しむことができる配慮をすることで，ダンスのよりよい環境づくりに貢献すること，違いに応じた配慮の仕方があることなどを理解し，取り組めるようにする。	○自己の状況に合った実現可能な課題の設定や挑戦を大切にする ○違いに応じた配慮をする ■自他との関わりの中で、違いを受け入れている姿
健康・安全	健康・安全を確保すること。	健康・安全を確保するとは，踊りの用具を目的に応じて使用したり，気温が高いときは適度な水分補給や休息を取るなど必要に応じて安全対策を講じたりすることなどを通して，健康を維持したり自己や仲間の安全を保持したりすることを示している。そのため，用具の安全確認の仕方，段階的な練習の仕方，けがを防止するための留意点などを理解し，取り組めるようにする。	○健康を維持する ○安全を保持する ■自身や仲間の体調や行動、環境への変化などへの健康・安全確保の状況

表2　第3学年ダンスの全ての「単元の評価規準」　（○囲み数字は、本事例における「単元の評価規準」）

知識・技能		思考・判断・表現	主体的に学習に取り組む態度
○知識 ①ダンスには，身体運動や作品創作に用いられる名称や用語があることについて，学習した具体例を挙げている。 ②それぞれの踊りには，その踊りの特徴と表現の仕方があることについて，学習した具体例を挙げている。 ③それぞれのダンスの交流や発表の仕方には，簡単な作品の見せ合いや発表会などがあること，見る人も拍手をしたりリズムをとるなどしたりして交流し合う方法があることについて，学習した具体例を挙げている。 ・自己の動きや仲間の動き方を分析するには，自己観察や他者観察などの方法があることについて，言ったり書き出したりしている。 ・いろいろな動きと関連させた柔軟運動やリズミカルな全身運動をすることで，結果として体力を高めることができることについて，学習した具体例を挙げている。	○技能 ①「出会いと別れ」では，すれ違ったりくっついたり離れたりなどの動きを，緩急強弱を付けて繰り返して表現することができる。 ・「ねじる―回る―見る」では，ゆっくりギリギリまでねじって力をためておき，素早く振りほどくように回って止まり，視線を決めるなどの変化や連続のあるひと流れの動きで表現することができる。 ・「力強い感じ」では，力強く全身で表現するところを盛り上げて，その前後は弱い表現にして対照を明確にするような簡単な構成で表現することができる。 ②「大回り―小回り」では，個や群で大きな円や小さな円を描くなどを通して，ダイナミックに空間が変化するように動くことができる。 ・「椅子」では，椅子にのぼる，座る，隠れる，横たわる，運ぶなどの動きを繰り返して，「もの」との関わり方に着目して表現することができる。 ③気に入ったテーマを選び，ストーリー性のあるはこびで，一番表現したい中心の場面をひと流れの動きで表現して，はじめとおわりを付けて簡単な作品にまとめて踊ることができる。	①それぞれのダンスに応じて表したいテーマにふさわしいイメージや，踊りの特徴を捉えた表現の仕方を見付けている。 ・選択した踊りの特徴に合わせて，よい動きや表現と自己や仲間の表現を比較して，成果や改善すべきポイントとその理由を仲間に伝えている。 ②健康や安全を確保するために，体調や環境に応じた適切な練習方法等について振り返っている。 ・作品創作や発表会に向けた仲間と話し合う場面で，合意形成するための関わり方を見付け，仲間に伝えている。 ③体力の程度や性別等の違いに配慮して，仲間とともにダンスを楽しむための活動の方法や修正の仕方を見付けている。 ④ダンスの学習成果を踏まえて，自己に適した「する，みる，支える，知る」などの運動を継続して楽しむための関わり方を見付けている。	①ダンスの学習に自主的に取り組もうとしている。 ・仲間に課題を伝え合ったり教え合ったりして，互いに助け合い教え合おうとしている。 ・作品創作などについての話合いに貢献しようとしている。 ②一人一人の違いに応じた表現や交流，発表の仕方などを大切にしようとしている。 ③健康・安全を確保している。

※共生にかかわる評価規準を太字で示している。

3 指導と評価を一体的に捉えるための工夫

(1) 指導場面と評価機会を工夫した計画の作成

　単元の指導と評価の計画では，「共生」に関連した箇所を強調して示している(図１)。さらに，関連する指導についての展開例，共生の内容理解(１時間目)，活動中の共生の観察評価(２時間目)，共生に関わる思考力，判断力，表現力等の指導と評価の機会(９時間目)を示している。

図１　第３学年ダンスにおける単元の指導と評価の計画の例

※前半のテーマは緩急強弱，空間の変化，ひと流れの動きに重点を置いて学習を進めている。

（２）共生の指導事項に関わる指導と評価の展開例（「共生」に関する記載部分を抜粋）

時間	段階	分	学習活動／学習内容	指導の手立て／単元の評価規準
1	導入	00	○事前アンケート結果の共有 ○本時のねらいと学習内容の確認	○事前アンケート結果をもとに，本時のねらい等を提示する。
			一人一人の違いに応じた表現や交流，発表の仕方などを大切にしよう。	
			○学びに向かう力，人間性等 一人一人の違いに応じた表現や交流，発表の仕方などを大切にしようとすること。	
		10	○共生に関する意義や価値の理解	1時間目は，事前アンケートの活用や教師の発問による気付きの引き出しと補足的な説明を学習カードに書き出す。それによって，共生の視点の知識の強化を促している。

1時間目のオリエンテーションで「なぜこの内容が大切なのか」などの汎用的な知識を指導している。

時間	段階	分	学習活動／学習内容	指導の手立て／単元の評価規準
2	展開	10	○グループ毎の作品づくり ・身近な生活や日常動作 ・個性や長所を生かした簡単な作品 ・緩急強弱のある動きや空間の使い方や場面の転換などで，変化を付けたひと流れの動き ・仲間同士の模倣　等 ○グループ間での作品の見せ合い・発表	○巡回しながら，できる動きをほめ，自信をもたせる言葉をかけながら，それぞれの違いやよさを認め合える雰囲気づくりを促す。 ○互いの違いを受け入れ，尊重しようとしている学びの姿を称賛する。 【主体的に学習に取り組む態度②】 一人一人の違いに応じた表現や交流，発表の仕方などを大切にしようとしている。（観察）
		45		

一人一人の違いが出やすい題材を取り上げながら，グループの仲間の考え等を「受け入れている」姿に焦点を合わせて指導し，評価している。

2時間目は，前時の知識を確認した上で，互いの違いを受け入れ尊重しようとしている姿を観察し，特に，「努力を要する」状況（C）と判断できる生徒を把握することに重点を置いている。

時間	段階	分	学習活動／学習内容	指導の手立て／単元の評価規準
9	終末	45	○学習カードへの記入 ・互いの違いを生かしたり，楽しく活動したりするには，どんな方法がありますか。　等 ○思考力，判断力，表現力等 体力の程度や性別等の違いに配慮して，仲間とともにダンスを楽しむための活動の方法や修正の仕方を見付けること。	【思考・判断・表現③】 体力の程度や性別の違いに配慮して，仲間とともにダンスを楽しむための活動の方法や修正の仕方を見付けている。（学習カード）
		50	○学習カードへの記入内容の発表（共有）	○「十分満足できる」状況（A）と判断される生徒の発言により，記入内容を共有し，学びを深める。 「努力を要する」状況（C）と判断される生徒に対する手立て ・立場を変えて考えてみよう ・相手の立場に立って考えてみよう

9時間目は，一人一人の違いを大切にしようとする共生の態度が，単に他者から言われてやろうとするだけではなく，その価値や意義を理解し，自らの意思として行動化することにつなげられるよう，思考力，判断力，表現力等の学習の充実を図っている。

（3）共生の指導と評価の実際

○1時間目(オリエンテーション)：前年度の学習をもとに，第3学年では，「自分や仲間のよさを生かして，ダンスを楽しく踊ろう」をねらいとし，事前アンケートを実施する。その中で，一人一人の違いを大切にしようとすることについて，「なぜこの内容が大切なのか」などの汎用的な知識について指導を行う。指導した内容の理解状況について学習カードから確認する。

◆3年生創作ダンス事前アンケート
これまでのダンスの授業を振り返って次のことについて答えてください。 ①ダンスの授業で互いを認め合って活動できたなと感じたときはどんなときでしたか。 ②感じることができなかったのはどんなときでしたか。

◆事前アンケート　生徒の回答(例)	
①感じたとき	②感じなかったとき
・最初はみんなの動きがばらばらだったけど，みんなで支え合って練習して動きがそろった時は達成感があった。 ・グループ内で互いの弱点を理解し合い，認め合っていて安心して活動できた。 ・ダンスは苦手だったけど動きをほめてくれた。 ・うまくできなかったけど自分の考えた動きをまねしてくれた。 ・素早く動くことが苦手な私の事を考えてくれて仲間が丁寧に教えてくれた。 ・男女のよさを理解して一緒に踊れて楽しかった。	・体が硬くてみんなと同じ動きができなかった。 ・リズムに合わせられなくてみんなに迷惑かけた。 ・動きに最後までついていけなかった。 ・経験者ばかりが目立ってしまう。 ・人前で踊るのが苦手なので注目される。 ・自分の動きを受け入れてもらえなかった時。 ・動きがうまくできなくて仲間から責められた。 ・苦手な動きを無理してやらなくてはいけなかった。

◆教師の発問

・自分や仲間の違いに配慮した活動にするにはどんなことが大切ですか？また，配慮することは，何のために大切ですか？

◆アンケートの振り返り，生徒の回答をもとに，共生に関する汎用的な知識の定着を促す。

「様々な違いを超えて踊りを楽しむことができる配慮をすることで，ダンスのよりよい環境づくりに貢献すること，違いに応じた配慮の仕方があること」という考え方があることを伝える。

◆学習カードへの記載から，汎用的な知識の定着，自身の行動や所作の具体を想起させる。

第3学年ダンス学習カード（抜粋）　　　　組　　　番　　　氏名

		時間	主に、汎用的な知識 意義について書きましょう	主に、具体的な知識 どのように取り組むかを書きましょう
知識	②踊りの特徴	6/16		
	③交流や発表	7/16		
			どのような効果がありますか	学習したポイントを書きましょう
技能	①動きの例示 　緩急強弱	3/16		
	②動きの例示 　空間の変化	5/16		
	③動きの例示 　はこびとストーリー	7/16		
			見付ける際の視点を書きましょう	具体的に見つけたことを書きましょう
思・判・表	①テーマや特徴を捉えた表現の仕方を見付ける	10/16		
	②健康・安全を確保するための練習方法の振り返り	6/16		
	③一人一人の違いに配慮した活動の仕方を見付ける	9/16	・それぞれの考えたことを否定するのではなく、なぜそうしたいのかを考える ・他者の立場から自身の行動や発言を振り返る	・作品作りで、空間をうまく使えていない課題があった。Aさんは、経験が豊富なので動きの苦手なBさんに基本の動きを教えていたけどBさんと一緒に行ったらありがとうと言われた
	④運動を継続して楽しむための関わり方を見付ける	15/16		
			意義について書きましょう	どのように取り組むかを書きましょう
態度	①自主的に取り組む	14/16		
	②共生(一人一人の違いへの配慮)	1/16	様々な違いを越えてダンスを創ることで、ダンスを楽しむ環境が良くなる。一人一人の違いを受け入れることでよりよい人間関係が作れるから	自分は、あまりダンスが得意でないですが、友達の考えたことをうまくできないけどやってみる。同じように得意でない人もいると思うので、いやな思いをしないように考えて発言する。

○2時間目：評価規準「態②」について観察評価する機会とする。緩急強弱を付けて繰り返して表現することをねらいとした「身近な生活や日常動作」の学習を取り上げ，グループ内で各自が自分の長所を生かした踊りをつくり，それを仲間同士で模倣する体験をすることで，互いの違いを受け入れ尊重しようとしている姿を観察し評価する。特に，ペアやグループの活動場面で，主に「努力を要する」状況（C）と判断される生徒に注視して確認する。本事例では，「共生」を評価することから，協力（仲間へのアドバイス）や参画（作品づくりへの貢献）の視点ではなく，グループの他者の考えを「受け入れている」姿に焦点を合わせている。

○9時間目：思考力，判断力，表現力等の指導場面。思考力，判断力，表現力等「体力の程度や性別等の違いに配慮して，仲間とともにダンスを楽しむための活動方法や修正の仕方を見付けること。」を取り上げる。1時間目，2時間目で取り上げた「一人一人の違いに応じた表現や交流，発表の仕方などを大切にしようとすること。」の学習を再度確認し，変化や起伏のある「はじめ－なか－おわり」の構成で簡単な作品を作る活動において，体力や技能，性別等の違いを踏まえて，他者の考えを受け入れ，グループの生徒が実現可能な動きを選択したり修正したりすることに関する記述を評価する。

○16時間目：本単元で設定した単元の評価規準に基づく全ての評価の最終確認の機会とする。

図2　本事例における態度②「一人一人の違いに応じた表現や交流，発表の仕方などを大切にしようとしている。」の実現状況を判断する目安と想定される様相の検討例

態度②「一人一人の違いに応じた表現や交流，発表の仕方などを大切にしようとしている。」に関連する学習指導要領解説の表記及びキーワード等を踏まえ，観察及び態度のもととなる知識の記載，単元中の行動の変化等の視点から判断の目安等を作成

場面	実現状況	判断の目安	想定される様相
①1時間目 オリエンテーションにおける共生の意義及び具体的な取組例の提示(学習カードによる理解状況の確認) ②2時間目 「身近な生活や日常動作」における他者の受け入れの様子を評価【態度：観察】 (観察評価：特に，努力を要する状況（C）の発見と手立て) ③9時間目 3～8時間目の活動における共生の視点からの自身の成果及び課題に着目した指導の充実及び評価【思考・判断・表現：学習カード】 ④総括的な評価における共生の視点の実現状況の最終確定【態度：個別評価の修正】 (授業中の変化についての加点状況を踏まえた最終変更の確定)	「十分満足できる」状況（A）	○共生の意義を踏まえ，互いの違いを生かそうとする。	・共生の視点から，他者が受け入れやすい動きを提示したり，自身が困難な動きに挑戦したりするなど，単元を通して共生の視点への定着が見られる。 　※取り入れようとする，生かそうとする，定着している
		○共生の意義を踏まえ，互いの違いに配慮しようとする。	・自身が実現困難な動きでも対応しようとする変化が見られる。 ・共生の意義及び自身の行動に対しての具体的記述が確認され，行動が表出される。 　※気遣おうとする，尊重しようとする，建設的に考えようとする
	「おおむね満足できる」状況（B）	○共生の意義を理解し，互いの違いを受け入れようとする。	・共感している様子は確認できないが，意義を理解し自己と他者の違いを受け入れている。 ・共生の意義は理解し，自己と他者の違いを受け入れているが，単元の中では，消極的な姿勢も時折見られる。 ・他者の動きをまねるなどの動作に消極さがみられたが，教師の手立てや自身の振り返りや他者のアドバイスから後半の活動での思いを統制するなどして取り組む様子が確認される。 　※知識を規範に行動する，思いを統制する，受け入れる
共生についての評価は，2時間目に全体の観察評価を行うが，主に，「努力を要する状況(C)」を優先して見い出すようにしている。 その後の授業の中の働きかけや，関連する思考力，判断力，表現力等の指導も加味して，実現状況の個別評価の修正を行う。	「努力を要する」状況（C）	○共生の意義やとるべき行動は理解しているが，理解に基づく行動が確認されない。 ○共生への意義やとるべき行動への理解が不十分で，受け入れようとする行動が見られない。	・共生の意義は理解しているが，自己の意見や感情の起伏が勝ってしまうなど，教師のアドバイスに対しても，消極的な姿が継続し，教師の働きかけに対しても，受け入れる発言や態度が見られない。 　※逃避する　あきらめる　敬遠する
		○共生への理解不足が見られ，他者の意欲を低下させる影響を及ぼしている。	・共生への意義やとるべき行動への理解が不十分で，他者の意欲を低下させる発言や態度をとる。 ・教師が働きかけを行っても，他者の意欲を低下させる発言や行動が継続する。 　※嫌悪する　否定する　拒否する

単元名	内容のまとまり
傷害の防止	第2学年　（3）傷害の防止

1　単元の目標

(1) 交通事故や自然災害などによる傷害の発生要因，交通事故などによる傷害の防止，自然災害による傷害の防止，応急手当の意義と実際について，理解することができるようにするとともに，心肺蘇生法などの技能を身に付けることができるようにする。

(2) 傷害の防止に関わる事象や情報から課題を発見し，自他の危険の予測を基に，危険を回避したり，傷害の悪化を防止したりする方法を考え，適切な方法を選択し，それらを伝え合うことができるようにする。

(3) 傷害の防止について，自他の健康の保持増進や回復についての学習に自主的に取り組もうとすることができるようにする。

2　単元の評価規準

知識・技能	思考・判断・表現	主体的に学習に取り組む態度
①交通事故や自然災害などによる傷害は，人的要因，環境要因及びそれらの相互の関わりによって発生することについて，理解したことを言ったり書いたりしている。 ②交通事故などによる傷害を防止するためには，人的要因や環境要因に関わる危険を予測し，それぞれの要因に対して適切な対策を行うことが必要であり，人的要因に対しては，安全に行動すること，環境要因に対しては，交通環境などの整備，改善をすることがあることや，交通事故を防止するためには，自転車や自動車の特性を知り，交通法規を守り，周囲の状況に応じ，安全に行動することが必要であることついて，理解したことを言ったり書いたりしている。 ③自然災害による傷害は，例えば，地震が発生した場合に家屋の倒壊などによる危険が原因となって生じることや，地震に伴って発生する津波などの二次災害によっても生じること。また，自然災害による傷害の防止には，自他の安全を確保するために冷静かつ迅速に行動する必要があることついて，理解したことを言ったり書いたりしている。 ④傷害が発生した際に，迅速かつ適切な手当は傷害の悪化を防止できることや，応急手当には止血や患部の保護や固定があり，その方法について，理解したことを言ったり書いたりしているとともに，実習を通して包帯法や止血法としての直接圧迫法ができる。 ⑤心肺停止に陥った人に遭遇したときの応急手当には，気道確保，人工呼吸，胸骨圧迫，AED使用などの心肺蘇生法があり，その方法について，理解したことを言ったり書いたりしているとともに，実習を通して胸骨圧迫，AED使用などの心肺蘇生法ができる。	①傷害の防止について，それらに関わる事柄や情報などを整理したり，個人生活と関連付けたりして，自他の課題を発見している。 ②自然災害などによる傷害の防止について，習得した知識を自他の生活に適用したり，傷害の状態に合わせて悪化を防止する方法を見いだしたりして，傷害を引き起こす様々な危険を予測し，回避する方法を選択している。 ③傷害の防止について，自他の危険の予測や回避の方法と，それを選択した理由などを，他者と話し合ったり，ノートなどに記述したりして，筋道を立てて伝え合っている。	①傷害の防止について，課題の解決に向けての学習に自主的に取り組もうとしている。

※「単元の評価規準」は単元の目標を踏まえるとともに，「知識・技能」や「思考・判断・表現」は学習指導要領解説保健体育編の内容や例示等を基に，「主体的に学習に取り組む態度」は第2編で示した評価の観点の趣旨を参考にして，実際の学習活動をイメージして作成した。

3　指導と評価の計画（8時間）

時間	ねらい・学習活動	知	思	態	評価方法
1 交通事故や自然災害などによる傷害の発生要因	傷害の防止について，課題の解決に向けての学習に自主的に取り組み，交通事故や自然災害などによる傷害は，人的要因や環境要因などの関わりによって発生することについて理解することができるようにする。 1　傷害の防止についての課題に気付く。 2　交通事故や自然災害などによる傷害について，課題の解決に向けてグループで話し合う。 3　グループでの話合いを基に全体で意見交換をする。 4　交通事故や自然災害などによる傷害の発生は人的要因，環境要因が関わって発生することをワークシートにまとめ，発表する。	①			（学習活動2） 傷害の防止について，課題の解決に向けての学習に自主的に取り組もうとしている状況を【観察】で捉える。 〈態−①〉 　※教師の指導改善のための評価 （学習活動4） 交通事故や自然災害などによる傷害は，人的要因や環境要因及びそれらの相互の関わりによって発生することについて，理解したことを言ったり，書いたりしている内容を【観察・ワークシート】で捉える。〈知−①〉
2 交通事故などによる傷害の防止	交通事故などによる傷害は，安全な行動，環境の改善によって防止できることについて理解することができるようにする。 1　中学生の交通事故の特徴について，教科書等の資料や自分たちの生活を振り返り，調べる。 2　様々な交通事故事例の共通点から，人的要因と環境要因についてグループで話し合う。 3　交通事故による傷害の多くは，安全な行動，環境の改善によって防止できることについてワークシートにまとめ，発表する。	②			（学習活動3） 交通事故などによる傷害を防止するためには，人的要因や環境要因に関わる危険を予測し，それぞれの要因に対して適切な対策を行うことが必要であり，人的要因に対しては，安全に行動すること，環境要因に対しては，交通環境などの整備，改善をすることがあることや，交通事故を防止するためには，自転車や自動車の特性を知り，交通法規を守り，周囲の状況に応じ，安全に行動することが必要であることについて，理解したことを言ったり，書き出したりしている内容を【観察・ワークシート】で捉える。〈知−②〉

3	傷害の防止について，それらに関わる事柄や情報などを整理したり，個人生活と関連付けたりして，自他の課題を発見することができるようにする。 1　事故や犯罪が原因となる傷害の例を取り上げて，人的要因と環境要因についてグループで話し合う。 2　交通事故や犯罪が原因となる傷害にはどのような課題があるのか，それらを防ぐためには，どのような対策があるのか，教科書等を参考に考え，発表する。		①		（学習活動2） 傷害の防止について，それらに関わる事柄や情報などを整理したり，個人生活と関連付けたりして，自他の課題を発見している内容を【観察・ワークシート】で捉える。〈思－①〉
4 自然災害による傷害の防止	自然災害などによる傷害の防止について，習得した知識を自他の生活に適用したり，傷害の状態に合わせて悪化を防止する方法を見いだしたりして，傷害を引き起こす様々な危険を予測し，回避する方法を選択するとともに，自然災害による傷害には，自然災害発生による傷害と二次災害による傷害があることについて理解することができるようにする。 1　過去の大地震の資料を見て，どのような傷害が発生したかを調べたり，これまでの自分たちの生活を振り返ったりする。 2　大地震が起こった時の自分たちの行動を予想する。 3　「災害から命を守るために～防災教育教材～企画：文部科学省」を視聴し，二次災害によって傷害が生じることをワークシートにまとめる。	②			（学習活動1・2） 自然災害などによる傷害の防止について，習得した知識を自他の生活に適用したり，傷害の状態に合わせて悪化を防止する方法を見いだしたりして，傷害を引き起こす様々な危険を予測し，回避する方法を選択している内容を【観察・ワークシート】で捉える。〈思－②〉 （学習活動3を第5時授業後に評価） 自然災害による傷害は，例えば，地震が発生した場合に家屋の倒壊などによる危険が原因となって生じることや，地震に伴って発生する津波などの二次災害によっても生じることついて，理解したことを言ったり，書いたりしている内容を【観察・ワークシート】で捉える。 〈知－③〉
5	自然災害への備えと傷害の防止について理解することができるようにする。 1　地震などの自然災害に対して，各家庭で備えていることを出し合い，教科書等のチェックシートで確認する。 2　防災に関する映像資料を視聴し，傷害を防止するために必要なことをグループで検討し，発表する。 3　本時のまとめをワークシートに記入する。	③			（学習活動3） 自然災害による傷害の防止には，自他の安全を確保するために冷静かつ迅速に行動する必要があることついて，理解したことを言ったり，書いたりしている内容を【観察・ワークシート】で捉える。〈知－③〉

6 応急手当の意義と実際	応急手当による傷害の悪化防止について理解することができるようにするとともに，包帯法や止血法としての直接圧迫法ができるようにする。 1　応急手当の意義や手順について，課題の解決に向けて話し合う。 2　応急手当の基本を確認し，患部の保護や固定，止血の行い方を教科書や視聴覚教材で確かめる。 3　包帯法と直接圧迫法の実習を二人組で行い，知識や技能をワークシートにまとめる。	④			（学習活動1・3） 傷害が発生した際に，迅速かつ適切な手当は傷害の悪化を防止できることや，応急手当には止血や患部の保護や固定があり,その方法について，理解したことを言ったり，書いたりしているとともに，実習を通して包帯法や止血法としての直接圧迫法ができる状況を【観察・ワークシート】で捉える。〈知−④〉 　※学習活動3は<u>第7時授業後</u>に評価
7	心肺蘇生法について理解することができるようにするとともに，胸骨圧迫やAED使用などの心肺蘇生法をできるようにする。 1　倒れている人を発見した場合を想定した応急手当の手順について，課題の解決に向けてグループで話し合う。 2　応急手当の手順や心肺蘇生法の行い方を教科書や視聴覚教材で確かめる。 3　心肺蘇生法の実習をグループで行い，知識や技能をワークシートにまとめ，発表する。	⑤			（学習活動3） 心肺停止に陥った人に遭遇したときの応急手当には，気道確保，人工呼吸，胸骨圧迫，AED使用などの心肺蘇生法があり，その方法について，理解したことを言ったり，書いたりしているとともに，実習を通して胸骨圧迫，AED使用などの心肺蘇生法ができる状況を【観察・ワークシート】で捉える。〈知−⑤〉
8	傷害の防止について，課題の解決に向けての学習に自主的に取り組み，自他の危険の予測や回避の方法と，それを選択した理由などを，他者と話し合ったり，ノートなどに記述したりして，筋道を立てて伝え合うことができるようにする。 1　今までの学習内容を確認する。 2　傷害のケースを示した場面カードを引き，傷害の発生した場面やけがの状況に適した応急手当の方法と手順や，危険を予測し，回避する方法を考え，グループで話し合う。 3　単元を通して学んだことをこれからの生活にどのように生かしていくかをワークシートに記入し，発表する。		③	①	（学習活動2を授業後に評価） 傷害の防止について，自他の危険の予測や回避の方法と，それを選択した理由などを,他者と話し合ったり，ノートなどに記述したりして，筋道を立てて伝え合っている内容を【観察・ワークシート】で捉える。 〈思−③〉 （学習活動2） 傷害の防止について，課題の解決に向けての学習に自主的に取り組もうとしている状況を【観察】で捉える。 〈態−①〉

第3編
事例5

4 観点別学習状況の評価の進め方

（1）基本的な考え方

　本単元は(ア)交通事故や自然災害などによる傷害の発生要因，(イ)交通事故などによる傷害の防止，(ウ)自然災害による傷害の防止，(エ)応急手当の意義と実際と四つの学習のまとまりで構成されている。ここでは，知識や技能を確実に習得し，それらを自分たちの生活にあてはめたり，関連付けたりして学習を進められる授業づくりをし，それを踏まえた指導と評価を進めて行くこととした。

　観点別学習状況の評価を効果的・効率的に進めるために，3観点の評価を重点化する必要がある。そこで，本事例では，重点的に生徒の学習状況を見取ることができるように，3観点を精選した。具体的には，第1時から第7時は1観点として重点化し，単元のまとめとなる第8時のみ2観点とした。その際，「知識・技能」については，すべての時間に記録に残す場面を入れるのではなく，傷害の防止について理解したことを言ったり，書いたりする活動について，それぞれの学習のまとまりの学習内容と学習活動に対応させてバランスよく評価することとした。また，「思考・判断・表現」については，課題を発見し，よりよい解決に向けて思考したり，様々な解決方法の中から適切な方法を選択するなどの判断をしたりするとともに，それらを他者に表現する活動を設定し，単元を通して課題の発見，解決，表現が評価できるように工夫することとした。「主体的に学習に取り組む態度」については，単元のはじめとおわりに評価場面を設定し，教師の指導改善につなげることや生徒の学習改善と「努力を要する」状況と判断した生徒の支援に役立てることができるようにした。

　「知識・技能」の評価に当たっては，事例の第6時と第7時では実習を伴うことから，学習のまとまりである2時間分を授業後にまとめて評価することとした。また，知識を習得しながら，実習を行うことができるような学習活動を設定した。ワークシートを中心として，観察による評価も行い，実習を通して理解を深め，基本的な技能を身に付けている学習状況を確認できるように，ワークシートの項目を工夫することが重要である。さらに，既有の知識及び技能と関連付けたり，活用したりする中で，他の学習や生活の場面でも活用できる程度に概念等を理解したり，技能を習得したりしているかについても評価できるように工夫することも考えられる。なお，実習については，技能の出来映えのみを評価するのではなく，知識と一体的に評価することに留意したい。

　「思考・判断・表現」の評価に当たっては，例えば，ワークシートを中心としつつ，観察で補うことも考えられる。ワークシートによる評価においては，評価する観点に応じた項目を設定することが重要である。本事例では，ワークシートにより思考・判断・表現を評価する際には，傷害の防止に関わる事象や情報から課題を発見し，自他の危険の予測を基に，危険を回避したり，傷害の悪化を防止したりするなど，思考の過程が分かるような項目を工夫することとした。

　「主体的に学習に取り組む態度」の評価に当たっては，事例の第1時では教師の指導改善につながる評価を行うこととした。また，生徒の学習改善につながる評価を行うとともに，特に，「努力を要する」状況と判断した生徒へは，手立てを講じて継続した指導を行い，第8時に評価場面を設定し，課題を解決する学習活動に取り組む態度で変容を見取ることができるようにした。なお，単に継続的な行動や積極的な発言を行うなど，性格や行動面の傾向を評価することでないことに留意したい。自らの学習状況を把握し，学習の進め方について試行錯誤するなど自らの学習を調整しながら，粘り強く取り組もうとしているかどうかという意思的な側面を評価することが重要である。

（2）観点別学習状況の評価の実際

　各観点における生徒の学習状況については，具体的にその状況を捉え，その学習状況にある背景と指導の方向を考えていくことが大切である。

①「知識・技能」の例

単元の評価規準　①　第1時
交通事故や自然災害などによる傷害は，人的要因，環境要因及びそれらの相互の関わりによって発生することについて，理解したことを言ったり書いたりしている。
第1時では，傷害の発生要因についてまとめる場面で，交通事故や自然災害などによる傷害は，人的要因や環境要因などが関わって発生することについて発言やワークシートに書いている内容から，判断していく。 　**「十分満足できる」状況にあると判断するポイント** ・傷害の発生について，人的要因や環境要因が関わって発生することについて，具体例を挙げて言ったり，書き出したりしている。また，他の学習や生活の場面でも活用できる概念を理解している。 　**「努力を要する」状況と判断した生徒への手立て** ・このような状況は，傷害の発生が人的要因と環境要因が関わって発生することについて，学習内容が定着していないことが原因として考えられるため，身近な事例を示したり，必要に応じて学習を振り返らせたりして個別に説明する。

単元の評価規準　⑤　第7時
心肺停止に陥った人に遭遇したときの応急手当には，気道確保，人工呼吸，胸骨圧迫，AED使用などの心肺蘇生法があり，その方法について，理解したことを言ったり書いたりしているとともに，実習を通して胸骨圧迫，AED使用などの心肺蘇生法ができる。
第7時では，心肺蘇生法の実習をグループで行い，話し合ったことをワークシートにまとめる場面で，応急手当の方法について発言したり，ワークシートに書いたりしている内容や実習の状況を観察し，判断していく。 　**「十分満足できる」状況にあると判断するポイント** ・心肺蘇生法の手順やポイントについて，理解したことを具体例を挙げて言ったり，書き出したりするとともに，状況に応じた応急手当の技能を身に付けている。また，他の学習や生活の場面でも活用できる概念を理解している。 　**「努力を要する」状況と判断した生徒への手立て** ・このような状況は，応急手当の基本についての学習内容が理解できていないことが原因として考えられるため，教科書を参考にしたり，仲間とともに学習を振り返らせたりし，個別に説明する。

②「思考・判断・表現」の例

単元の評価規準　①　第3時
傷害の防止について，それらに関わる事柄や情報などを整理したり，個人生活と関連付けたりして，自他の課題を発見している。

第3時では，傷害の防止について，教科書等を参考にして，課題や解決の方法を見付ける場面で，事故や犯罪が原因となる傷害における課題及びそれらを防止するための対策を見付け，発表したり，ワークシートに書いたりしている内容から，判断していく。

「十分満足できる」状況にあると判断するポイント

・事故や犯罪が原因となる傷害における課題及びそれらを防止するための対策について，学習したことを基に，自分たちの生活と関連付けたり，理由を付け加えたりしながら，具体的な課題や対策について説明している。

「努力を要する」状況と判断した生徒への手立て

・このような状況は，具体的な課題や対策を思いつかないなどが原因として考えられるため，事故や犯罪における具体的な課題や対策を教師が例示したり，教科書の読み取りを補足したりする。

単元の評価規準　③　第8時

傷害の防止について，自他の危険の予測や回避の方法と，それを選択した理由などを，他者と話し合ったり，ノートなどに記述したりして，筋道を立てて伝え合っている。

第8時では，傷害のケースを示した場面カードを引き，傷害の発生した場面やけがの状況に適した応急手当の方法と手順や，危険を予測し，回避する方法を考える場面で，学習したことをそれぞれの場面にあてはめて他の生徒に説明したり，ワークシートに書いたりしている内容から，判断していく。

「十分満足できる」状況にあると判断するポイント

・応急手当の方法と手順や，危険を予測し，回避する方法について，学習したことをそれぞれの場面にあてはめるときに，改善点や根拠を挙げるなどして，それらを説明している。

「努力を要する」状況と判断した生徒への手立て

・このような状況は，場面カードの事例と今までの学習が結び付けられないことなどが原因として考えられるため，前時の実習やワークシートにまとめた内容を確認し，場面カードの事例と結び付くよう，個別に説明する。

---

③「主体的に学習に取り組む態度」の例

単元の評価規準　①　第8時

傷害の防止について，課題の解決に向けての学習に自主的に取り組もうとしている。

第8時では，前時までに学習したことをそれぞれの場面にあてはめて他の生徒に説明したり，ワークシートに書いたりするなどの活動に自主的に取り組もうとしている状況を観察し，判断していく。

「十分満足できる」状況にあると判断するポイント

・場面カードを引き，傷害の発生した場面やけがの状況に適した応急手当の方法と手順，危険を予測し，回避する方法を考える時に，前時までに学習した概念的な知識と自分たちの生活を結びつけ，試行錯誤して自らの学習を調整しながら，粘り強く自主的に取り組んでいる。

・このような状況は，傷害のケースを示した内容と既習事項が結び付かないといった原因が考えられるため，一つの場面を例に挙げて説明する。

5 観点別学習状況の評価の総括

本単元では，単元の評価規準に照らし，「十分満足できる」状況（A），「おおむね満足できる」状況（B），「努力を要する」状況（C）により評価を行った。

（1）評価結果のA，B，Cの数を基に総括する

	時	1	2	3	4	5	6	7	8	総括
	観点	傷害の発生要因	交通事故などによる傷害の防止		自然災害による傷害の防止		応急手当の意義と実際			
評価機会	知・技	①	②	—	—	③	④	⑤	—	総括
	思・判・表	—	—	①	②	—	—	—	③	
	主体的態度	—	—	—	—	—	—	—	①	
生徒1	知・技	A	B	—	—	A	B	A	—	A
	思・判・表	—	—	B	A	—	—	—	A	A
	主体的態度	—	—	—	—	—	—	—	A	A
生徒2	知・技	B	C	—	—	C	B	C	—	C
	思・判・表	—	—	B	B	—	—	—	C	B
	主体的態度	—	—	—	—	—	—	—	B	B

・単元の総括については，Aが半数を超える場合にはA，Cが半数を超える場合にはC，それ以外はBとする考え方に立って総括を行った。また，AとCが同一観点に混在する場合は，Bに置き換えて集約している。（例：AとCが各一つ → Bが二つ）
・「AABB」の総括結果をAとするかBとするかなど，同数の場合や三つの記号が混在する場合の総括の仕方をあらかじめ決めておく必要がある。
・「知識・技能」，「思考・判断・表現」については，各授業後や単元終了後にワークシートや定期テスト等からも評価することで，評価の信頼性を高めることができる。

（2）評価結果のA，B，Cを数値に置き換えて総括する

・評価結果A，B，Cを，A＝3，B＝2，C＝1のように数値によって表して，平均することで総括することができる。
・総括の結果をBとする範囲を［2.5≧平均値≧1.5］とすると，平均値が2.5を上回る場合はA，平均値が1.5未満の場合はCとなる。

	観点 　時	1	2	3	4	5	6	7	8	平均	総括
生徒1	知・技	3	2	—	—	3	2	3	—	2.60	A
	思・判・表	—	—	2	3	—	—	—	3	2.67	A
	主体的態度	—	—	—	—	—	—	—	3	3.00	A
生徒2	知・技	2	1	—	—	1	2	1	—	1.40	C
	思・判・表	—	—	2	2	—	—	—	1	1.67	B
	主体的態度	—	—	—	—	—	—	—	2	2.00	B

単元名	内容のまとまり
心の健康	第1学年(2)　心身の機能の発達と心の健康

　学習指導要領において（2）心身の機能の発達と心の健康は（ア）から（エ）までの内容で構成されている。本事例は（ウ）及び（エ）を取り上げた「心の健康」の指導と評価である。

1　単元の目標

(1)　心の健康について，理解することができるようにするとともに，ストレスに対処する技能を身に付けることができるようにする。

(2)　心の健康に関わる事象や情報から課題を発見し，疾病等のリスクを軽減したり，生活の質を高めたりすることなどと関連付けて，解決方法を考え，適切な方法を選択し，それらを伝え合うことができるようにする。

(3)　欲求やストレスへの対処などの心の健康について，自他の健康の保持増進や回復についての学習に自主的に取り組もうとすることができるようにする。

2　単元の評価規準

知識・技能	思考・判断・表現	主体的に学習に取り組む態度
①心は，知的機能，情意機能，社会性等の精神機能の総体として捉えられ，それらは生活経験や学習などの影響を受けながら，脳の発達とともに発達することについて，理解したことを言ったり書いたりしている。 ②自己形成については，思春期になると，自己を客観的に見つめたり，他人の立場や考え方を理解できるようになったりするとともに，物の考え方や興味・関心を広げ，次第に自己を認識し自分なりの価値観をもてるようになるなど自己の形成がなされることについて，理解したことを言ったり書いたりしている。 ③精神と身体には，密接な関係があり，互いに様々な影響を与え合っていること，また，心の状態が体にあらわれたり，体の状態が心にあらわれたりするのは，神経などの働きによることについて，理解したことを言ったり書いたりしている。 ④心の健康を保つには，適切な生活習慣を身に付けるとともに，欲求やストレスに適切に対処することが必要であることについて，理解したことを言ったり書いたりしている。 ⑤ストレスへの対処にはストレスの原因となる事柄に対処すること，コミュニケーションの方法を身に付けることなどいろいろな方法があり，それらの中からストレスの原因，自分や周囲の状況に応じた対処の仕方を選ぶこと	①欲求やストレスへの対処における事柄や情報などについて，保健に関わる原則や概念を基に整理したり，個人生活と関連付けたりして，自他の課題を発見している。 ②欲求やストレスへの対処について，習得した知識や技能を自他の生活と比較したり，活用したりして，心身の健康を保持増進する方法やストレスへの適切な対処の方法を選択したりしている。 ③欲求やストレスへの対処について，課題の解決方法とそれを選択した理由など	①欲求やストレスへの対処について，課題の解決に向けての学習に自主的に取り組もうとしている。

が大切であることについて，理解したことを言ったり書いたりしている。 ⑥リラクセーションの方法等がストレスによる心身の負担を軽くすることについて，理解したことを言ったり書いたりしているとともに，それらの対処の方法ができる。	を，他者と話し合ったり，ノートなどに記述したりして，筋道を立てて伝え合っている。	

　「単元の評価規準」は単元の目標を踏まえるとともに，「知識・技能」は学習指導要領解説保健体育編の例示を基に，実際の学習活動をイメージして作成した。また，評価規準の内容については，本単元が「知識・技能」の評価に重点を置くこと，及び６時間扱いであることを踏まえて作成した。

3　指導と評価の計画（6時間）

	主な学習活動	知	思	態	評価方法
1	・精神機能の発達について，健康に関する資料などを見て理解する。 ・自分の心が，どのように発達してきたのかワークシートにまとめる。	①			ワークシート
2	・自分について説明する文を作成し，自己を客観的に見つめる。 ・自己形成について，自分の体験を基に考える。	②	①		観察 ワークシート
3	・心と体の関わりについて，健康に関する資料などを見て理解する。 ・心と体が影響を与え合ってうまくいく経験や，失敗した経験を話し合う。	③			観察 ワークシート （授業後）
4	・心の健康を保つには，欲求やストレスに適切に対処する必要があることについて，健康に関する資料などを見て理解する。 ・欲求不満への対処方法として考えられる行動についてグループで話し合い，発表する。	④	②		観察 ワークシート
5	・ストレスへの対処方法として，どのような方法があるかについて考え，発表し合う。 ・自分に合ったストレスへの対処の仕方を選ぶことについて，ワークシートにまとめる。	⑤	③		観察 ワークシート （授業後）
⑥	・ストレスによる心身の負担を軽くするようなリラクセーションについて，意義や手順，行い方のポイントを確認しながら実習を行う。 ・リラクセーションの方法について，実習を通して理解したことをワークシートにまとめる。	⑥		①	観察 ワークシート （授業後）

第3編
事例6

4　本時の指導案（6／6時）

（1）本時の目標

　◎心の健康について理解するとともに，ストレスに対処する技能を身に付けることができるようにする。

　○欲求やストレスへの対処などの心の健康について，自他の健康の保持増進や回復についての学習に自主的に取り組もうとすることができるようにする。

（2）展開

段階	学習内容と学習活動	学習形態	教師の指導・支援（◆評価規準と方法）
導入	1　友達の発表やワークシートで，前時に学習した内容について確認をする。	一斉	○ストレスの意味を踏まえながら，前時の学習内容を押さえる。

	2　教師の説明により，本時の学習内容について確認をする。	一斉	○前時の振り返りをし，本時の学習内容を提示する。
	【学習課題】ストレスへの対処について，リラクセーションの実習を通して理解し，ストレスによる心身の負担を軽くするような対処の方法を身に付ける。		
展開	3　ストレスによる心身の負担を軽くするようなリラクセーションについて，体ほぐしの運動や呼吸コントロールでのリラックス法を取り上げ，意義や手順，行い方のポイントを確認しながら実習を行う。 （本時で扱う対処方法） ・体ほぐし運動 　　ペアストレッチ 　　脱力運動（寝にょろ・腕ぶら） ・呼吸法 　　腹式呼吸	ペア 一斉	○リラクセーションの行い方に関する知識について，ワークシートに記入することにより理解できるよう促す。 ○ストレスによる心身の負担を軽くするようなリラクセーションについて，実習を通して理解を深めていけるよう促す。 ○ペアでの簡単な体ほぐしの運動や，深呼吸を取り入れた呼吸法を行うことで，自己の生活でも実践していく意欲をもたせる。 ○緊張する場面など，具体的な状況についてイメージできるよう促す。
	◆〈知・技－⑥〉 　リラクセーションの方法等がストレスによる心身の負担を軽くすることについて理解したことを言ったり，書いたりしているとともに，それらの対処の方法ができる。 　　　　　　　　　　　　　　　　　　　　　　　【観察・ワークシート（授業後）】		
まとめ	4　ストレスによる心身の負担を軽くするようなリラクセーションについて，実習を通して理解したことをワークシートにまとめる。	個人	○ワークシートに記入することにより本時の学習を振り返るよう促す。 ○ストレスの原因，自分や周囲の状況に応じた対処の仕方を選ぶことが大切であることを助言する。

5　観点別学習状況の評価の進め方

（1）基本的な考え方

　中学校学習指導要領解説保健体育編－保健体育科改訂の趣旨－において，改善に当たっての留意事項として「保健分野の技能については，ストレスへの対処や心肺蘇生法等の応急手当を取り上げ，個人生活における健康・安全に関する基本的な技能を身に付けるよう指導することが重要である。その際，実習を取り入れ，それらの意義や手順，及び課題の解決など，該当する知識や思考力，判断力，表現力等との関連を図ることに留意する必要がある。」と示されている。

　本単元「心の健康」では，ストレスによる心身の負担を軽くするような対処の方法ができるようにするために，「技能」として，リラクセーションの方法等を取り上げている。

　「知識・技能」の評価に当たっては，実習を通して理解を深め，基本的な技能を身に付けている学習状況を確認できるように，ワークシート及び観察による評価を行うことが考えられる。その際，ワークシートの項目を工夫することが重要である。また，既有の知識及び技能と関連付けたり，活用したりする中で，生活の場面でも活用できる程度に概念等を理解したり，技能を身に付けたりしているかについても評価できるように工夫することも考えられる。なお，実習における評価場面では，ストレス対処の技能だけでなく，知識と一体的に評価することに留意したい。

　本単元による「知識・技能」の評価については，観察やワークシートの記載の視点を明確にしておくことなどが重要であることから，（2）に例として記載する。

（２）本時における知識・技能の評価の例

　本時の「知識・技能」の評価は，下記の「観察の視点」や「ワークシートの項目」，「ワークシートの記載例・手立て」を参考に，授業中の観察記録と生徒が記入したワークシートを用いて授業後に評価した。

【観察の視点】

・リラクセーションの手順や行い方のポイントなどを押さえながら実習に取り組んでいる状況を確認する。
・リラクセーションの実習により，心身の負担が軽くなるような心の状態の変化や体がほぐれるなどの体の状態の変化を感じ取っている状況を確認する。
※リラクセーションの方法の出来映えを評価するものではない。

【ワークシートの項目】

・リラクセーションの意義や手順，行い方のポイントなどを記入できる内容
・実習を通して理解したことを記入できる内容

【ワークシート（実習を通して理解したこと）の記載例・手立て】

　リラクセーションの方法について，手順や行い方のポイント，それらを行う意義等，実習を通して理解したことを具体的に記入できていれば，「十分満足できる」状況とする。ここでは，一例として，腹式呼吸の実習に関する記述を掲載する。

評価	「十分満足できる」状況	「おおむね満足できる」状況	「努力を要する」状況への手立て
記載例・手立て	・腹式呼吸の実習では，体の力を抜いて，ゆっくりとお腹を膨らませて呼吸をすると緊張がほぐれることがわかった。緊張する場面では，今日学んだポイントを押さえて実践しようと思う。	・今日の授業で行った腹式呼吸では，ゆっくりと息を吸って吐くことで緊張がほぐれることがわかった。	・今までの自分の生活の中で学習したことと同様の経験がないか振り返るよう助言する。 ・簡単なリラクセーションを行い，効果があるか考えることができるよう促す。

（３）評価にあたっての留意点

　本時における「知識・技能」を評価するに当たっては，観察やワークシート，生徒との対話などを組み合わせて進めていく必要があるが，特に評価を進める上での留意点として，次の点を挙げることができる。

　一つ目は，観察の視点を明確にすることである。観察による評価を行う際，リラクセーションの方法等を取り上げ，実習を通してストレスによる心身の負担を軽くするような対処の方法について理解を深めているか，その方法の手順や行い方のポイントを押さえているかなど，設定した評価規準に基づいて観察の視点を明確にしておくことが必要である。

　二つ目は，ワークシートの項立てを工夫することである。具体的には，リラクセーションの方法等の実習を通して理解を深め，ストレスによる心身の負担を軽くするような対処の方法を身に付けている学習状況を確認できるよう，意義や手順，行い方のポイント等，実習を通して理解したことなどを記入できるような欄を設けることが考えられる。その際，生徒が自分の考えをまとめ，ワークシート等に記入する時間を十分確保することも大切である。

　本単元において，「知識・技能」の評価を適切に行うには，欲求やストレスへの対処などの心の健康について，個人生活を中心として科学的に理解できるようにするとともに，内容にかかわる基本的な技能を身に付けることを目指していることから，実習を取り入れ，ストレスへの対処方法の意義や手順，及び課題の解決など，知識と関連を図ることに留意する必要がある。

保健体育科（保健分野）　　事例7
キーワード　「思考・判断・表現」の評価

単元名	内容のまとまり
生活習慣病などの予防	第2学年(1)　健康な生活と疾病の予防

1　単元の目標
(1)　健康な生活と生活習慣病などの予防について，理解することができるようにする。
(2)　生活習慣病などの予防に関わる事象や情報から自他の課題を発見し，生活習慣病などのリスクを軽減したり，生活の質を高めたりする視点から解決方法を考え，適切な方法を選択するとともに，それらを伝え合うことができるようにする。
(3)　生活習慣病などの予防について，自他の健康の保持増進や回復についての学習に自主的に取り組もうとすることができるようにする。

2　単元の評価規準

知識・技能	思考・判断・表現	主体的に学習に取り組む態度
①運動不足，食事の量や質の偏り，休養や睡眠の不足，喫煙，過度の飲酒などの不適切な生活行動を若い年代から続けることによって，やせや肥満，心臓や脳で動脈硬化が起こること，歯肉に炎症等が起こること，歯を支える組織が損傷することなど様々な生活習慣病のリスクが高まることについて，理解したことを言ったり書いたりしている。 ②生活習慣病は，日常の生活習慣が要因となって起こる疾病であり，適切な対策を講ずることにより心臓病，脳血管疾患，歯周病などを予防できることについて理解したことや，生活習慣病を予防するには，適度な運動を定期的に行うこと，毎日の食事における量や頻度，栄養素のバランスを整えること，喫煙や過度の飲酒をしないこと，口腔の衛生を保つことなどの生活習慣を身に付けることが有効であることについて，理解したことを言ったり書いたりしている。 ③がんは，異常な細胞であるがん細胞が増殖する疾病であり，その要因には不適切な生活習慣をはじめ様々なものがあることについて，理解したことを言ったり書いたりしている。 ④がんの予防には，生活習慣病の予防と同様に，適切な生活習慣を身に付けることなどが有効であることについて，理解したことを言ったり書いたりしている。	①生活習慣病の予防における事柄や情報などについて，原則や概念を基に整理したり，個人生活と関連付けたりして，自他の課題を発見するとともに，習得した知識を活用し，生活習慣病を予防するための方法を選択している。 ②生活習慣病などの予防について，疾病等にかかるリスクを軽減し健康を保持増進する方法を考え，選択した理由などを，他者と話し合ったり，ノートなどに記述したりして，筋道を立てて伝え合っている。	①生活習慣病などの予防について，課題の解決に向けての学習に自主的に取り組もうとしている。

　「思考・判断・表現」の「単元の評価規準」は，学習指導要領解説の内容の例示を基に実際の学習活動を踏まえて作成した。また，評価規準の内容は，本単元が4時間であることを考慮し，「課題発見」と「課題解決」，「課題解決」と「表現」を合わせ，二つの評価規準を設定した。

3 指導と評価の計画（4時間）

	主な学習活動	知	思	態	評価方法
1	1　生徒の事前のアンケートにより，望ましい生活習慣について考える。 2　生活習慣病についての話合いで意識したり，興味をもったりしたことを基に，自分たちの生活を振り返る。 3　健康と生活上の様々な習慣や行動の関連，調和のとれた生活の継続の必要性，生活習慣の乱れによる生活習慣病など，生活習慣が健康に及ぼす影響について説明を聞く。 4　本時を振り返り，生活習慣病を予防するために具体的な事例について考え，不適切な生活行動を若い年代から続けることによって，生活習慣病のリスクが高まることについて記述する。	①			観察・ワークシート
2 （本時）	1　前時の学習を振り返る。 2　生活習慣病は，日常の生活習慣が要因となって起こる疾病であり，適切な対策を講ずることにより予防できることについて記述する。 3　既習の知識を活用し，自他の生活を振り返って生活習慣病の要因を発見するとともに，予防するための適切な方法を選択する。 4　本時の学習を振り返り，ワークシートにまとめ，発表する。	②	①		ワークシート（授業後） 観察・ワークシート
3	1　がんに対するイメージを出し合う。 2　健康に関するパンフレットや，「がん教育推進のための教材」（文部科学省）を読み，がんについて説明を聞く。 3　具体的な事例について考え，がんの予防について，グループで話し合い，要因を書き出したり，友達に伝えたりする。 4　本時を振り返り，がんの要因には，生活習慣をはじめ，様々なものがあることについてワークシートにまとめる。	③	②		観察・ワークシート 観察・ワークシート
4	1　前時までの学習を振り返る。 2　生活習慣病とがんの予防に共通している要因について，ワークシートにまとめる。 3　健康診断やがん検診などによる早期発見や疾病の回復について教師の説明を聞く。 4　本単元を振り返り，生活習慣病やがんの予防について適切な生活習慣を身に付けることなどが有効であるという視点から，ワークシートを書く。	④		①	ワークシート（授業後） 観察・ワークシート

4　本時の指導案（2/4時）

（1）本時の目標
- ○　生活習慣病は，日常の生活習慣が要因となって起こる病気であり，適切な対策を講ずることにより予防できることについて理解できるようにする。
- ◎　生活習慣病の予防における事柄や情報などについて，原則や概念を基に整理したり，個人生活と関連付けたりして，自他の課題を発見するとともに，習得した知識を活用し，生活習慣病を予防するための課題解決の方法を選択することができるようにする。

（2）展開

	学習内容と学習活動		教師の指導・支援　　　（◆は評価規準と方法）
は じ め 5 分	1　前時の振り返りをする。 2　本時の内容について考える。	全体	○健康の成り立ちを踏まえながら前時の学習内容についてパワーポイントを使って確認する。 ○本時のめあてや，学習の計画，内容について理解できるようにする。
な か 40 分	【学習課題】資料を読み取り，生活習慣病を予防するための適切な方法を選択しよう。		
	3　様々な生活習慣病について知る。	全体	○A～Dの症状等（疾病）について，関連する画像などを用いて視覚的に示す。
	A：歯が抜けた口腔内の画像（歯周病）　　　　B：喫煙者の肺と非喫煙者の肺の画像（肺がん） C：脂肪が固まった血管の画像（心臓病・脳梗塞）　　D：足の壊疽の画像（糖尿病）		
	4　グループごとにA～Dについてブレインストーミングをし，生活習慣病の要因を発見し，予防するための方法を発表する。	グ ル ー プ ↓	○各テーマに合わせた関連資料を準備しておく。 ○生活習慣病の要因について，多くの意見を出すよう助言する。 ○出された意見については肯定的に受けとめるよう声をかける。 ○生活習慣病を予防する視点で話し合うよう促す。
	発問 　A～Dのような生活習慣病を予防するためにどのような行動をとればよいか考えましょう。	全体	○発表する際は，簡潔に発表するよう促す。 ○自分やグループの考え，発表で出された内容をワークシートに記入するよう指示する。
	・1グループは4人程度とする。 5　各グループが発表した内容を整理し，生活習慣病を予防するための適切な方法を選択する。	グ ル ー プ ↓ 個人	○各グループの発表を，個人の生活と関連付けながら整理する。 ○生活習慣病を予防するための適切な方法を，これまでの発表で出された意見を踏まえて，根拠を挙げて選択するよう助言する。
	◆〈思・判・表―①〉 　生活習慣病の予防における事柄や情報などについて，原則や概念を基に整理したり，個人生活と関連付けたりして，自他の課題を発見するとともに，習得した知識を活用し，生活習慣病を予防するための方法を選択している。【観察・ワークシート】		
お わ り 5 分	6　本時の学習のまとめをする。	個人	○ワークシートに書き出した内容について，友達の発表や教師の説明を聞きながら確かめる。 ○ワークシートを回収し，補足や指導の必要な生徒には個別指導する。 ○本時の学習カードに記入し，振り返るよう促す。

◇　本時の指導は，「知識」と「思考力，判断力，表現力等」に重点を置いた授業であり，授業中には「思考・判断・表現」の観点のみ評価した。「知識・技能」については，ワークシートの記入状況から授業後に評価することとした。

5　観点別学習状況の評価の進め方

　本事例では，教師が示した資料を基に，「生活習慣病を予防するためにどのような行動をとればよいか」という発問に対して，グループで選択した生活習慣病の予防について，右の例のように個人の考えやグループの考え，それらを踏まえた最終的な自分の考えを記入させ，ワークシートの記入内容及び，グループでの対話の過程を教師の観察により見取るようにする。

　その際，下表に示したように，適切な予防方法を選択できていれば「おおむね満足できる」状況，また，科学的根拠を示したり，具体例を挙げたりして説明できていれば「十分満足できる」状況として評価することが考えられる。このように，ワークシートの記入内容と生徒の学習状況の観察を組み合わせるなど，多様な評価を行うことが評価の信頼性を高めることになる。

※【ワークシートの項立ての実際の例】

選択した生活習慣病　□

【自分の考え】を記入しよう。

【グループで出された意見・考え】を記入しよう。

↓

生活習慣病を予防するために，どのような方法を選択すればよいか，他のグループの意見も聞いた上で，理由を添えてまとめよう。

（記入例）○○なので，△△に気を付けたい。◇◇なので☆☆したい。

【評価の実際】

評価規準	生活習慣病の予防における事柄や情報などについて，原則や概念を基に整理したり，個人生活と関連付けたりして，自他の課題を発見するとともに，習得した知識を活用し，生活習慣病を予防するための方法を選択している。　　　　　　　　　　　　（思考・判断・表現）

「おおむね満足できる」状況と判断する生徒の姿	「十分満足できる」状況と判断する生徒の姿
発言内容やワークシートの記入内容から，以下のような方法を個人の生活の状況に応じて選択している姿が見取ることができれば「おおむね満足できる」状況と判断する。 ○適度な運動を定期的に行うこと， ○毎日の食事における量や頻度，栄養素のバランスを整えること， ○喫煙や過度の飲酒をしないこと， ○口腔の衛生を保つことなどの具体的な生活習慣を身に付けることが有効であること，など	生活習慣病を予防するための適切な方法を選択する場面において，個人の生活と関連付けながら，科学的な根拠を示したり，具体例を挙げたりして，説明していれば，「十分満足できる」状況とする。 **「努力を要する」状況と判断する生徒への手立て** 　生活習慣病を予防するための適切な方法を選択できるよう，個別に次のような支援をする。 ・事例から読み取れる具体的内容を個別に説明する。 ・個人の生活を振り返らせたり，比べさせたりする。 ・具体的な生活場面を想起させる資料を示す。など

6　「思考・判断・表現」の評価の留意点

　授業において一人一人をより多面的に捉え，より妥当な評価を行うためには，観察やワークシート，生徒との対話，ペーパーテストなど，多様な評価方法を工夫し，組み合わせていく必要があるが，評価を進める上での留意点として，次の2点を挙げることができる。

　一つ目は，観察の視点を明確にすることである。観察による評価を行う際，学習課題について既習の内容や生活経験等と比べている，学習内容との関係を見付けている，適切なものを選択しているなど，設定した評価規準に基づいて観察の視点を明確にしておくことが必要である。

　二つ目は，ワークシートの項立てを工夫することである。例えば，課題の発見，解決等の過程ごとに，生徒が考えたことを段階的に記入させるなどして，個人の思考の深まりを見取れるようにしておくことが必要である。また，学習活動中は，生徒が自分の考えをまとめ，ワークシート等に記入する時間を十分に確保することも大切である。

第3編
事例7

保健体育科（保健分野）　　事例8

キーワード　「主体的に学習に取り組む態度」の評価

単元名	内容のまとまり
健康と環境	第3学年(4) 健康と環境

1　単元の目標

(1) 身体の環境に対する適応能力・至適範囲，飲料水や空気の衛生的管理，生活に伴う廃棄物の衛生的管理などの健康と環境について，理解することができるようにする。

(2) 健康と環境に関わる事象や情報から課題を発見し，疾病等のリスクを軽減したり，生活の質を高めたりすることなどと関連付けて解決方法を考え，適切な方法を選択し，それらを伝え合うことができるようにする。

(3) 健康と環境について，健康の保持増進や回復についての学習に自主的に取り組もうとすることができるようにする。

2　単元の評価規準

知識・技能	思考・判断・表現	主体的に学習に取り組む態度
①身体には，環境の変化に対応した調節機能があり，一定の範囲内で環境の変化に適応する能力があること，また，体温を一定に保つ身体の適応能力には限界があること，その限界を超えると健康に重大な影響が見られることから，気象情報の適切な利用が有効であることについて，理解したことを言ったり書いたりしている。 ②温度，湿度，気流の温熱条件には，人間が活動しやすい至適範囲があること，温熱条件の至適範囲は，体温を容易に一定に保つことができる範囲であること，明るさについては，視作業を行う際には，物がよく見え，目が疲労しにくい至適範囲があること，その範囲は，学習や作業などの種類により異なることについて，理解したことを言ったり書いたりしている。 ③水は，人間の生命の維持や健康な生活と密接な関わりがあり重要な役割を果たしていること，飲料水の水質については一定の基準が設けられており，水道施設を設けて衛生的な水を確保していること，飲料水としての適否は科学的な方法によって検査し，管理されていることについて，理解したことを言ったり書いたりしている。 ④室内の二酸化炭素は，人体の呼吸作用や物質の燃焼により増加すること，そのため，室内の空気が汚れてきているという指標となること，定期的な換気は室内の二酸化炭素の濃度を衛生的に管理できること，空気中の一酸化炭素は，主に物質の不完全燃焼によって発生し，吸入すると一酸化炭素中毒を容易に起こし，人体に有害であることについて，理解したことを言ったり書いたりしている。	①健康と環境に関わる原則や概念を基に，収集した情報を整理したり，習得した知識を個人生活と関連付けたりして，自他の課題を発見し，課題解決に取り組み，健康を保持増進する方法を選択している。 ②健康と環境について，習得した知識を自他の生活に適用したり，課題解決に役立てたりして，疾病等のリスクを軽減し，健康を保持増進する方法を選択し，他者と話し合ったり，ワークシートなどに記述したりして，筋道を立てて伝え合っている。	①健康と環境について，課題の解決に向けた学習活動に自主的に取り組もうとしている。

		知	思	態	
⑤人間の生活に伴って生じたし尿やごみなどの廃棄物はその種類に即して自然環境を汚染しないように衛生的に処理されなければならないことについて，理解したことを言ったり書いたりしている。					

※ 「単元の評価規準」における，「主体的に学習に取り組む態度」については，第２編で示した評価の観点の趣旨を参考にして，実際の学習活動をイメージして作成した。

3　指導と評価の計画（8時間）

時間	主な学習活動	知	思	態	評価方法等
1	・気温の変化に対する適応能力とその限界について理解する。 ・**身体の適応能力についての学習に自主的に取り組む。**	①		①	知：問答，ワークシート **態：問答，観察，ワークシート，学習カード 診断的評価**
2	・温熱条件や明るさの至適範囲について理解する。	②			知：問答，ワークシート
3	・気象情報の利用，熱中症の予防等について，健康課題を選択し，教科書等を活用して解決策を選択する。		①		思：問答，ワークシート
4	・飲料水の衛生管理について理解する。 ・**健康と飲料水についての学習に自主的に取り組む。**	③		①	知：問答，ワークシート **態：問答，観察，ワークシート，学習カード 形成的評価**
5	・空気の衛生管理について理解する。	④			知：問答，ワークシート
6	・生活に伴う廃棄物の衛生的管理について理解する。	⑤			知：問答，ワークシート
7	・災害と環境等の健康課題について，教科書等を活用して解決策を選択し，他者に伝え合う。		②		思：問答，ワークシート
⑧	・環境問題についての学習に自主的に取り組む。			①	**態：問答，観察，ワークシート，学習カード 総括的評価**

・「主体的に学習に取り組む態度」については，単元全体で評価していくため「破線」で区切っている。
　＊診断的評価　→形成的評価　→総括的評価
・評価方法等「ワークシート」「学習カード」は，「5　観点別学習状況の評価の進め方」に例示している。

4　本時の指導案（8/8時）

（1）本時の目標

　　健康と環境について，これまでの学習を振り返り，自ら健康課題を設定したり，その課題解決に向けて自らの考えを表現し，また他者の考えから自らの考えを改善したりするなど，自主的に学習活動に取り組むことができるようにする。

（2）展　開

		○学習活動	形態	○指導の留意点　・努力を要する生徒への支援
導入		**○課題設定**（10分） ①「心身の健康に対する環境の影響」について，現代的な健康課題と「健康と環境」の学習を関連させ，各自で健康課題を見付け，ワークシートに記入する。	一斉 グループ 個人	○現代的な環境問題とこれまでの学習（自らの理解状況）を振り返り，各自の関心を基に健康課題を想起できるよう指導する。 ・学級全体や仲間との意見交換を個別に支援する。

展開	○**課題解決Ⅰ**（15分） ②学級で各自の健康課題を共有し，関連する健康課題ごとにグループをつくる。	一斉	○学習指導要領の内容（適応能力，水や空気，廃棄物，災害と環境等）を基準にグループ分けを行うよう指導する。（1グループ 4名程度）
	③各自の健康課題について，個人生活と関連付けて，教科書等の資料を活用して課題解決を図り，ワークシートに記入する。	個人	○資料準備を行い，積極的に資料を活用して課題解決に取り組ませ，解決策Ⅰを作成できるよう指導する。 ・写真や図などの視覚的な資料を示したり，身近な具体例をあげたりして，自主的な取組を支援する。
	○**意見交換**（5分） ④グループで，解決策Ⅰについて発表，意見交換を行い，参考意見をワークシートに記入する。	グループ	○各自の解決策Ⅰを基に意見交換を行い，参考意見（気付き）を，積極的にメモを取るよう指導する。 ・一つ以上はメモを取るよう支援する。
	○**課題解決Ⅱ**（10分） ⑤参考意見を基に，各自で解決策Ⅰの改善を図り，解決策Ⅱをワークシートに記入する。	個人	○自らの考えを相対化するよう指導する。 ・自分の意見との違いなど「気付き」を支援する。
	評価規準【態】 健康と環境について，課題の解決に向けた学習に自主的に取り組もうとしている。 □評価方法：観察（授業中），ワークシート・単元学習カード（授業後）		
まとめ	○**発 表**（5分） ⑥学級で発表，意見交換を行う。	一斉	○参画，共生（承認）等の側面を指導する。
	○**振り返り** （5分） ⑦各自で学習態度の成果と課題について振り返りを行う。	個人	○学習態度を振り返り，改善に繋がる指導をする。 ・発見，解決，発表の場面ごとに振り返る等，支援する。

5 観点別学習状況の評価の進め方

（1）「主体的に学習に取り組む態度」の評価の基本的な考え方

　「主体的に学習に取り組む態度」については，単元全体を通して総合的に評価することが適切であると考えられる。本事例では，「主体的に学習に取り組む態度」の評価を「はじめ(診断的評価)，なか（形成的評価），まとめ（総括的評価）」と単元を通して評価することとした。具体的には第1時と第4時に記録に残す場面を設定し，日々の授業で取り組む課題解決学習の状況を評価しつつ，「ワークシート」や「単元学習カード」の記入内容や単元を通した観察に基づき，第8時の単元のまとめにおいて総括的に評価することとした。

　評価方法の工夫として，「単元学習カード」を活用した。生徒は毎時の学習状況を自己評価し，教師も適宜，指導・支援を行うことにより，生徒の学習改善を図った。「主体的に学習に取り組む態度」の評価は，「知識・技能」や「思考・判断・表現」の観点を踏まえて行う必要があるため，毎時間3観点の自己評価を行うこととした。「単元学習カード」の生徒の自己評価を線でつなぐことで，単元を通しての学習状況を折れ線グラフとして視覚化できる。

単元学習カード 単元名（健康と環境）	単元目標 （1）知識、技能 （2）思考力、判断力、表現力　等 （3）学びに向かう力、人間性　等								
めあて（重点）	1 (知)(態)	2 (知)	3 (思)	4 (知)(態)	5 (知)	6 (知)	7 (思)	8 (態)	単元総括
(1)知識・技能	Ⓑ	Ⓑ	Ⓑ	Ⓑ	Ⓐ	Ⓑ	Ⓐ	Ⓑ	Ⓑ
(2)思考・判断・表現	Ⓑ	Ⓑ	Ⓐ	Ⓑ	Ⓑ	Ⓒ	Ⓐ	Ⓑ	Ⓑ
(3)主体的に学習に取り組む態度	Ⓑ	Ⓑ	Ⓐ	Ⓐ	Ⓐ	Ⓒ	Ⓐ	Ⓑ	Ⓐ
振り返り（成果と課題）									

（2）本時の授業づくりと「主体的に学習に取り組む態度」の評価

単元を通した知識の習得や思考し判断したことを表現するなどの学習の状況を踏まえ，単元のまとめにおいて総括的に評価することとした。評価に当たっては，「自らの理解（学習）の振り返り」「自らの考えの記述（発表）」「他者との対話を通じた自らの考えの深まり」などの場面を設定し，観察や記述から「主体的に学習に取り組む態度」を評価できるよう工夫した。その際，例えば大気汚染と健康影響についての課題の解決方法を，教師が準備した資料や教科書等を基に調べ，友達と情報交換をしてその解決方法を修正しようとしたり，別の方法を追加しようとしたりしている生徒の状況を「おおむね満足できる」状況として評価することが考えられる。また，以下に示すように，粘り強く学習を調整しようとしている生徒を「十分満足できる」状況として評価することが考えられる。「十分満足できる」状況は多様であり，例示では複数の生徒の姿を示した。

【評価の実際】　　　「十分満足できる」状況と判断する生徒の姿の例	「努力を要する」状況への手立て
・適応能力や，飲料水の衛生的な管理についての知識を習得する場面で，様々な資料を粘り強く探し，具体例を示そうと努力している。 ・災害と環境等の健康問題について，課題解決の方法を説明するために，自ら探した資料や対話により深まった考えから，適切な理由や根拠を得ようとしている。 ・健康と関連性がない課題に取り組んでいたことに気付き，自ら資料を探して健康と環境のかかわりについての課題と解決方法を見付けようとしている。 ・単元全体を通して，どのような課題に対しても，その解決に向けた学習に粘り強く取り組もうとしている。	・健康と環境について，写真や図などの視覚的な資料を示したり，身近な具体例を挙げたりして自主的な取組を支援する。

評価方法の工夫として，自主的な取組みの状況（発見，解決，改善，振り返り等）が記録としての残るよう，「環境問題ワークシート」を活用した。

「環境問題」ワークシート ＜考えよう＞ 心身の健康に対する環境の影響について，健康と環境に関する情報から課題を発見し，その解決策を考えよう。 1　健康課題（テーマ） （例）・適応能力・水、空気・廃棄物・その他 2　健康課題（テーマ）設定の理由	3　課題解決策Ⅰ 4　参考になった意見 5　課題解決策Ⅱ

第3編
事例8

巻末資料

中学校保健体育科における「内容のまとまりごとの評価規準（例）」

Ⅰ　体育分野　第1学年及び第2学年
1　体育分野　第1学年及び第2学年の目標と評価の観点及びその趣旨

	（1）	（2）	（3）
目標	運動の合理的な実践を通して，運動の楽しさや喜びを味わい，運動を豊かに実践することができるようにするため，運動，体力の必要性について理解するとともに，基本的な技能を身に付けるようにする。	運動についての自己の課題を発見し，合理的な解決に向けて思考し判断するとともに，自己や仲間の考えたことを他者に伝える力を養う。	運動における競争や協働の経験を通して，公正に取り組む，互いに協力する，自己の役割を果たす，一人一人の違いを認めようとするなどの意欲を育てるとともに，健康・安全に留意し，自己の最善を尽くして運動をする態度を養う。

（中学校学習指導要領 P.115）

観点	知識・技能	思考・判断・表現	主体的に学習に取り組む態度
趣旨	各運動の特性や成り立ち，技の名称や行い方，伝統的な考え方，各領域に関連して高まる体力，健康・安全の留意点についての具体的な方法及び運動やスポーツの多様性，運動やスポーツの意義や効果と学び方や安全な行い方についての考え方を理解しているとともに，各領域の運動の特性に応じた基本的な技能を身に付けている。	運動を豊かに実践するための自己の課題を発見し，合理的な解決に向けて，課題に応じた運動の取り組み方や目的に応じた運動の組み合わせ方を工夫しているとともに，自己や仲間の考えたことを他者に伝えている。	運動の楽しさや喜びを味わうことができるよう，公正，協力，責任，共生などに対する意欲をもち，健康・安全に留意して，学習に積極的に取り組もうとしている。

（改善等通知　別紙4　P.20）

2　内容のまとまりごとの評価規準（例）

A　体つくり運動

知識・技能	思考・判断・表現	主体的に学習に取り組む態度
○知識 ・体つくり運動の意義と行い方，体の動きを高める方法などについて理解している。	・自己の課題を発見し，合理的な解決に向けて運動の取り組み方を工夫するとともに，自己や仲間の考えたことを他者に伝えている。	・体つくり運動に積極的に取り組むとともに，仲間の学習を援助しようとすること，一人一人の違いに応じた動きなどを認めようとすること，話合いに参加しようとすることな

巻末
資料

知識・技能	思考・判断・表現	主体的に学習に取り組む態度
※「体つくり運動」の体ほぐしの運動は，技能の習得・向上をねらいとするものでないこと，体の動きを高める運動は，ねらいに応じて運動を行うことが主な目的となることから，「技能」の評価規準は設定していない。		どをしたり，健康・安全に気を配ったりしている。

B　器械運動

知識・技能	思考・判断・表現	主体的に学習に取り組む態度
○知識 ・器械運動の特性や成り立ち，技の名称や行い方，その運動に関連して高まる体力などについて理解している。 ○技能 ・マット運動では，回転系や巧技系の基本的な技を滑らかに行うこと，条件を変えた技や発展技を行うこと及びそれらを組み合わせることができる。 ・鉄棒運動では，支持系や懸垂系の基本的な技を滑らかに行うこと，条件を変えた技や発展技を行うこと及びそれらを組み合わせることができる。 ・平均台運動では，体操系やバランス系の基本的な技を滑らかに行うこと，条件を変えた技や発展技を行うこと及びそれらを組み合わせることができる。 ・跳び箱運動では，切り返し系や回転系の基本的な技を滑らかに行うこと，条件を変えた技や発展技を行うことができる。	・技などの自己の課題を発見し，合理的な解決に向けて運動の取り組み方を工夫するとともに，自己の考えたことを他者に伝えている。	・器械運動に積極的に取り組むとともに，よい演技を認めようとすること，仲間の学習を援助しようとすること，一人一人の違いに応じた課題や挑戦を認めようとすることなどをしたり，健康・安全に気を配ったりしている。

巻末
資料

C 陸上競技

知識・技能	思考・判断・表現	主体的に学習に取り組む態度
○知識 ・陸上競技の特性や成り立ち，技術の名称や行い方，その運動に関連して高まる体力などについて理解している。 ○技能 ・短距離走・リレーでは，滑らかな動きで速く走ることやバトンの受渡しでタイミングを合わせることができる。 ・長距離走では，ペースを守って走ることができる。 ・ハードル走では，リズミカルな走りから滑らかにハードルを越すことができる。 ・走り幅跳びでは，スピードに乗った助走から素早く踏み切って跳ぶことができる。 ・走り高跳びでは，リズミカルな助走から力強く踏み切って大きな動作で跳ぶことができる。	・動きなどの自己の課題を発見し，合理的な解決に向けて運動の取り組み方を工夫するとともに，自己の考えたことを他者に伝えている。	・陸上競技に積極的に取り組むとともに，勝敗などを認め，ルールやマナーを守ろうとすること，分担した役割を果たそうとすること，一人一人の違いに応じた課題や挑戦を認めようとすることなどをしたり，健康・安全に気を配ったりしている。

D 水泳

知識・技能	思考・判断・表現	主体的に学習に取り組む態度
○知識 ・水泳の特性や成り立ち，技術の名称や行い方，その運動に関連して高まる体力などについて理解している。 ○技能 ・クロールでは，手と足の動き，呼吸のバランスをとり速く泳ぐことができる。 ・平泳ぎでは，手と足の動き，呼吸のバランスをとり長く泳ぐ	・泳法などの自己の課題を発見し，合理的な解決に向けて運動の取り組み方を工夫するとともに，自己の考えたことを他者に伝えている。	・水泳に積極的に取り組むとともに，勝敗などを認め，ルールやマナーを守ろうとすること，分担した役割を果たそうとすること，一人一人の違いに応じた課題や挑戦を認めようとすることなどをしたり，水泳の事故防止に関する心得を遵守するなど健康・安全に気を配ったりしている。

巻末
資料

ことができる。
・背泳ぎでは，手と足の動き，呼吸のバランスをとり泳ぐことができる。
・バタフライでは，手と足の動き，呼吸のバランスをとり泳ぐことができる。

E　球技

知識・技能	思考・判断・表現	主体的に学習に取り組む態度
○知識 ・球技の特性や成り立ち，技術の名称や行い方，その運動に関連して高まる体力などについて理解している。 ○技能 ・ゴール型では，ボール操作と空間に走り込むなどの動きによってゴール前での攻防をすることができる。 ・ネット型では，ボールや用具の操作と定位置に戻るなどの動きによって空いた場所をめぐる攻防をすることができる。 ・ベースボール型では，基本的なバット操作と走塁での攻撃，ボール操作と定位置での守備などによって攻防をすることができる。	・攻防などの自己の課題を発見し，合理的な解決に向けて運動の取り組み方を工夫するとともに，自己や仲間の考えたことを他者に伝えている。	・球技に積極的に取り組むとともに，フェアなプレイを守ろうとすること，作戦などについての話合いに参加しようとすること，一人一人の違いに応じたプレイなどを認めようとすること，仲間の学習を援助しようとすることなどをしたり，健康・安全に気を配ったりしている。

F　武道

知識・技能	思考・判断・表現	主体的に学習に取り組む態度
○知識 ・武道の特性や成り立ち，伝統的な考え方，技の名称や行い方，その運動に関連して高まる体力などについて理解している。	・攻防などの自己の課題を発見し，合理的な解決に向けて運動の取り組み方を工夫するとともに，自己の考えたことを他者に伝えている。	・武道に積極的に取り組むとともに，相手を尊重し，伝統的な行動の仕方を守ろうとすること，分担した役割を果たそうとすること，一人一人の違いに応じた課題や挑戦を認めよ

知識・技能	思考・判断・表現	主体的に学習に取り組む態度
○技能		うとすることなどをしたり，禁じ技を用いないなど健康・安全に気を配ったりしている。
・柔道では，相手の動きに応じた基本動作や基本となる技を用いて，投げたり抑えたりするなどの簡易な攻防をすることができる。		
・剣道では，相手の動きに応じた基本動作や基本となる技を用いて，打ったり受けたりするなどの簡易な攻防をすることができる。		
・相撲では，相手の動きに応じた基本動作や基本となる技を用いて，押したり寄ったりするなどの簡易な攻防をすることができる。		

G　ダンス

知識・技能	思考・判断・表現	主体的に学習に取り組む態度
○知識 ・ダンスの特性や由来，表現の仕方，その運動に関連して高まる体力などについて理解している。 ○技能 ・創作ダンスでは，多様なテーマから表したいイメージを捉え，動きに変化を付けて即興的に表現したり，変化のあるひとまとまりの表現にしたりして踊ることができる。 ・フォークダンスでは，日本の民踊や外国の踊りから，それらの踊り方の特徴を捉え，音楽に合わせて特徴的なステップや動きで踊ることができる。 ・現代的なリズムのダンスでは，リズムの特徴を捉え，変化の	・表現などの自己の課題を発見し，合理的な解決に向けて運動の取り組み方を工夫するとともに，自己や仲間の考えたことを他者に伝えている。	・ダンスに積極的に取り組むとともに，仲間の学習を援助しようとすること，交流などの話合いに参加しようとすること，一人一人の違いに応じた表現や役割を認めようとすることなどをしたり，健康・安全に気を配ったりしている。

知識・技能	思考・判断・表現	主体的に学習に取り組む態度
ある動きを組み合わせて，リズムに乗って全身で踊ることができる。		

H　体育理論

(1)運動やスポーツの多様性

知識・技能	思考・判断・表現	主体的に学習に取り組む態度
○知識 ・運動やスポーツが多様であることについて理解している。 ※体育理論については「技能」に係る評価の対象がないことから、「技能」の評価規準は設定していない。	・運動やスポーツが多様であることについて，自己の課題を発見し，よりよい解決に向けて思考し判断するとともに，他者に伝えている。	・運動やスポーツが多様であることについての学習に積極的に取り組もうとしている。

(2)運動やスポーツの意義や効果と学び方や安全な行い方

知識・技能	思考・判断・表現	主体的に学習に取り組む態度
○知識 ・運動やスポーツの意義や効果と学び方や安全な行い方について理解している。 ※体育理論については「技能」に係る評価の対象がないことから、「技能」の評価規準は設定していない。	・運動やスポーツの意義や効果と学び方や安全な行い方について，自己の課題を発見し，よりよい解決に向けて思考し判断するとともに，他者に伝えている。	・運動やスポーツの意義や効果と学び方や安全な行い方についての学習に積極的に取り組もうとしている。

巻末
資料

Ⅱ　体育分野　第3学年

1　体育分野　第3学年の目標と評価の観点及びその趣旨

	（1）	（2）	（3）
目標	運動の合理的な実践を通して，運動の楽しさや喜びを味わい，生涯にわたって運動を豊かに実践することができるようにするため，運動，体力の必要性について理解するとともに，基本的な技能を身に付けるようにする。	運動についての自己や仲間の課題を発見し，合理的な解決に向けて思考し判断するとともに，自己や仲間の考えたことを他者に伝える力を養う。	運動における競争や協働の経験を通して，公正に取り組む，互いに協力する，自己の責任を果たす，参画する，一人一人の違いを大切にしようとするなどの意欲を育てるとともに，健康・安全を確保して，生涯にわたって運動に親しむ態度を養う。

（中学校学習指導要領 P.120）

	知識・技能	思考・判断・表現	主体的に学習に取り組む態度
観点			
趣旨	選択した運動の技の名称や行い方，体力の高め方，運動観察の方法，スポーツを行う際の健康・安全の確保の仕方についての具体的な方法及び文化としてのスポーツの意義についての考え方を理解しているとともに，選択した領域の運動の特性に応じた基本的な技能を身に付けている。	生涯にわたって運動を豊かに実践するための自己や仲間の課題を発見し，合理的な解決に向けて，課題に応じた運動の取り組み方や目的に応じた運動の組み合わせ方を工夫しているとともに，自己や仲間の考えたことを他者に伝えている。	運動の楽しさや喜びを味わうことができるよう，公正，協力，責任，参画，共生などに対する意欲をもち，健康・安全を確保して，学習に自主的に取り組もうとしている。

（改善等通知　別紙4　P.20）

2　内容のまとまりごとの評価規準（例）

A　体つくり運動

知識・技能	思考・判断・表現	主体的に学習に取り組む態度
○知識 ・運動を継続する意義，体の構造，運動の原則などについて理解している。 ※「体つくり運動」の体ほぐしの運動は，技能の習得・向上をねらいとするものでないこと，	・自己や仲間の課題を発見し，合理的な解決に向けて運動の取り組み方を工夫するとともに，自己や仲間の考えたことを他者に伝えている。	・体つくり運動に自主的に取り組むとともに，互いに助け合い教え合おうとすること，一人一人の違いに応じた動きなどを大切にしようとすること，話合いに貢献しようとすることなどをしたり，健康・安全を確保したりしている。

実生活に生かす運動の計画は，運動の計画を立てることが主な目的となることから、「技能」の評価規準は設定していない。

B　器械運動

知識・技能	思考・判断・表現	主体的に学習に取り組む態度
○知識 ・技の名称や行い方，運動観察の方法，体力の高め方などについて理解している。 ○技能 ・マット運動では，回転系や巧技系の基本的な技を滑らかに安定して行うこと，条件を変えた技や発展技を行うこと及びそれらを構成し演技することができる。 ・鉄棒運動では，支持系や懸垂系の基本的な技を滑らかに安定して行うこと，条件を変えた技や発展技を行うこと及びそれらを構成し演技することができる。 ・平均台運動では，体操系やバランス系の基本的な技を滑らかに安定して行うこと，条件を変えた技や発展技を行うこと及びそれらを構成し演技することができる。 ・跳び箱運動では，切り返し系や回転系の基本的な技を滑らかに安定して行うこと，条件を変えた技や発展技を行うことができる。	・技などの自己や仲間の課題を発見し，合理的な解決に向けて運動の取り組み方を工夫するとともに，自己の考えたことを他者に伝えている。	・器械運動に自主的に取り組むとともに，よい演技を讃えようとすること，互いに助け合い教え合おうとすること，一人一人の違いに応じた課題や挑戦を大切にしようとすることなどをしたり，健康・安全を確保したりしている。

C　陸上競技

知識・技能	思考・判断・表現	主体的に学習に取り組む態度
○知識 ・技術の名称や行い方，体力の高め方，運動観察の方法などについて理解している。 ○技能 ・短距離走・リレーでは，中間走へのつなぎを滑らかにして速く走ることやバトンの受渡しで次走者のスピードを十分高めることができる。 ・長距離走では，自己に適したペースを維持して走ることができる。 ・ハードル走では，スピードを維持した走りからハードルを低く越すことができる。 ・走り幅跳びでは，スピードに乗った助走から力強く踏み切って跳ぶことができる。 ・走り高跳びでは，リズミカルな助走から力強く踏み切り滑らかな空間動作で跳ぶことができる。	・動きなどの自己や仲間の課題を発見し，合理的な解決に向けて運動の取り組み方を工夫するとともに，自己の考えたことを他者に伝えている。	・陸上競技に自主的に取り組むとともに，勝敗などを冷静に受け止め，ルールやマナーを大切にしようとすること，自己の責任を果たそうとすること，一人一人の違いに応じた課題や挑戦を大切にしようとすることなどをしたり，健康・安全を確保したりしている。

D　水泳

知識・技能	思考・判断・表現	主体的に学習に取り組む態度
○知識 ・技術の名称や行い方，体力の高め方，運動観察の方法などについて理解している。 ○技能 ・クロールでは，手と足の動き，呼吸のバランスを保ち，安定したペースで長く泳いだり速く泳いだりすることができる。	・泳法などの自己や仲間の課題を発見し，合理的な解決に向けて運動の取り組み方を工夫するとともに，自己の考えたことを他者に伝えている。	・水泳に自主的に取り組むとともに，勝敗などを冷静に受け止め，ルールやマナーを大切にしようとすること，自己の責任を果たそうとすること，一人一人の違いに応じた課題や挑戦を大切にしようとすることなどをしたり，水泳の事故防止に関する心得を遵守するなど健康・安全を確保した

知識・技能	思考・判断・表現	主体的に学習に取り組む態度
・平泳ぎでは，手と足の動き，呼吸のバランスを保ち，安定したペースで長く泳いだり速く泳いだりすることができる。 ・背泳ぎでは，手と足の動き，呼吸のバランスを保ち，安定したペースで泳ぐことができる。 ・バタフライでは，手と足の動き，呼吸のバランスを保ち，安定したペースで泳ぐことができる。 ・複数の泳法で泳ぐこと，又はリレーをすることができる。		りしている。

E　球技

知識・技能	思考・判断・表現	主体的に学習に取り組む態度
○知識 ・技術の名称や行い方，体力の高め方，運動観察の方法などについて理解している。 ○技能 ・ゴール型では，安定したボール操作と空間を作りだすなどの動きによってゴール前への侵入などから攻防をすることができる。 ・ネット型では，役割に応じたボール操作や安定した用具の操作と連携した動きによって空いた場所をめぐる攻防をすることができる。 ・ベースボール型では，安定したバット操作と走塁での攻撃，ボール操作と連携した守備などによって攻防をすることができる。	・攻防などの自己やチームの課題を発見し，合理的な解決に向けて運動の取り組み方を工夫するとともに，自己や仲間の考えたことを他者に伝えている。	・球技に自主的に取り組むとともに，フェアなプレイを大切にしようとすること，作戦などについての話合いに貢献しようとすること，一人一人の違いに応じたプレイなどを大切にしようとすること，互いに助け合い教え合おうとすることなどをしたり，健康・安全を確保したりしている。

F　武道

知識・技能	思考・判断・表現	主体的に学習に取り組む態度
○知識 ・伝統的な考え方，技の名称や見取り稽古の仕方，体力の高め方などについて理解している。 ○技能 ・柔道では，相手の動きの変化に応じた基本動作や基本となる技，連絡技を用いて，相手を崩して投げたり，抑えたりするなどの攻防をすることができる。 ・剣道では，相手の動きの変化に応じた基本動作や基本となる技を用いて，相手の構えを崩し，しかけたり応じたりするなどの攻防をすることができる。 ・相撲では，相手の動きの変化に応じた基本動作や基本となる技を用いて，相手を崩し，投げたりいなしたりするなどの攻防をすることができる。	・攻防などの自己や仲間の課題を発見し，合理的な解決に向けて運動の取り組み方を工夫するとともに，自己の考えたことを他者に伝えている。	・武道に自主的に取り組むとともに，相手を尊重し，伝統的な行動の仕方を大切にしようとすること，自己の責任を果たそうとすること，一人一人の違いに応じた課題や挑戦を大切にしようとすることなどをしたり，健康・安全を確保したりしている。

G　ダンス

知識・技能	思考・判断・表現	主体的に学習に取り組む態度
○知識 ・ダンスの名称や用語，踊りの特徴と表現の仕方，交流や発表の仕方，運動観察の方法，体力の高め方などについて理解している。 ○技能 ・創作ダンスでは，表したいテーマにふさわしいイメージを捉え，個や群で，緩急強弱のある	・表現などの自己や仲間の課題を発見し，合理的な解決に向けて運動の取り組み方を工夫するとともに，自己や仲間の考えたことを他者に伝えている。	・ダンスに自主的に取り組むとともに，互いに助け合い教え合おうとすること，作品や発表などの話合いに貢献しようとすること，一人一人の違いに応じた表現や役割を大切にしようとすることなどをしたり，健康・安全を確保したりしている。

巻末資料

動きや空間の使い方で変化を付けて即興的に表現したり、簡単な作品にまとめたりして踊ることができる。
・フォークダンスでは、日本の民踊や外国の踊りから、それらの踊り方の特徴を捉え、音楽に合わせて特徴的なステップや動きと組み方で踊ることができる。
・現代的なリズムのダンスでは、リズムの特徴を捉え、変化とまとまりを付けて、リズムに乗って全身で踊ることができる。

H　体育理論

(1) 文化としてのスポーツの意義

知識・技能	思考・判断・表現	主体的に学習に取り組む態度
○知識 ・文化としてのスポーツの意義について理解している。 ※体育理論については「技能」に係る評価の対象がないことから、「技能」の評価規準は設定していない。	・文化としてのスポーツの意義について、自己の課題を発見し、よりよい解決に向けて思考し判断するとともに、他者に伝えている。	・文化としてのスポーツの意義についての学習に自主的に取り組もうとしている。

Ⅲ　保健分野

1　保健分野の目標と評価の観点及びその趣旨

	（1）	（2）	（3）
目標	個人生活における健康・安全について理解するとともに，基本的な技能を身に付けるようにする。	健康についての自他の課題を発見し，よりよい解決に向けて思考し判断するとともに，他者に伝える力を養う。	生涯を通じて心身の健康の保持増進を目指し，明るく豊かな生活を営む態度を養う。

（中学校学習指導要領 P. 126）

観点	知識・技能	思考・判断・表現	主体的に学習に取り組む態度
趣旨	健康な生活と疾病の予防，心身の機能の発達と心の健康，傷害の防止，健康と環境について，個人生活を中心として科学的に理解しているとともに，基本的な技能を身に付けている。	健康な生活と疾病の予防，心身の機能の発達と心の健康，傷害の防止，健康と環境について，個人生活における健康に関する課題を発見し，その解決を目指して科学的に思考し判断しているとともに，それらを他者に伝えている。	健康な生活と疾病の予防，心身の機能の発達と心の健康，傷害の防止，健康と環境について，自他の健康の保持増進や回復についての学習に自主的に取り組もうとしている。

（改善等通知　別紙4　P. 21）

2　内容のまとまりごとの評価規準（例）

第1・2・3学年　【健康な生活と疾病の予防】

知識・技能	思考・判断・表現	主体的に学習に取り組む態度
・健康は，主体と環境の相互作用の下に成り立っていること。また，疾病は，主体の要因と環境の要因が関わり合って発生することを理解している。 ・健康の保持増進には，年齢，生活環境等に応じた運動，食事，休養及び睡眠の調和のとれた生活を続ける必要があることを理解している。 ・生活習慣病などは，運動不足，食事の量や質の偏り，休養や睡眠の不足などの生活習慣の乱れが主な要因となって起こること。また，生活習慣病の多くは，適切な運動，食事，休養	・健康な生活と疾病の予防について，課題を発見し，その解決に向けて思考し判断しているとともに，それらを表現している。	・健康な生活と疾病の予防についての学習に自主的に取り組もうとしている。

巻末
資料

知識・技能	思考・判断・表現	主体的に学習に取り組む態度
及び睡眠の調和のとれた生活を実践することによって予防できることを理解している。 ・喫煙，飲酒，薬物乱用などの行為は，心身に様々な影響を与え，健康を損なう原因となること。また，これらの行為には，個人の心理状態や人間関係，社会環境が影響することから，それぞれの要因に適切に対処する必要があることを理解している。 ・感染症は，病原体が主な要因となって発生すること。また，感染症の多くは，発生源をなくすこと，感染経路を遮断すること，主体の抵抗力を高めることによって予防できることを理解している。 ・健康の保持増進や疾病の予防のためには，個人や社会の取組が重要であり，保健・医療機関を有効に利用することが必要であること。また，医薬品は，正しく使用することを理解している。		

第1学年　【心身の機能の発達と心の健康】

知識・技能	思考・判断・表現	主体的に学習に取り組む態度
・身体には，多くの器官が発育し，それに伴い，様々な機能が発達する時期があること。また，発育・発達の時期やその程度には，個人差があることを理解している。 ・思春期には，内分泌の働きによって生殖に関わる機能が成熟すること。また，成熟に伴う変	・心身の機能の発達と心の健康について，課題を発見し，その解決に向けて思考し判断しているとともに，それらを表現している。	・心身の機能の発達と心の健康についての学習に自主的に取り組もうとしている。

化に対応した適切な行動が必要となることを理解している。

・知的機能，情意機能，社会性などの精神機能は，生活経験などの影響を受けて発達すること。また，思春期においては，自己の認識が深まり，自己形成がなされることを理解している。

・精神と身体は，相互に影響を与え，関わっていること。欲求やストレスは，心身に影響を与えることがあること。また，心の健康を保つには，欲求やストレスに適切に対処する必要があることを理解しているとともに，それらに対処する技能を身に付けている。

第2学年　【傷害の防止】

知識・技能	思考・判断・表現	主体的に学習に取り組む態度
・交通事故や自然災害などによる傷害は，人的要因や環境要因などが関わって発生することを理解している。 ・交通事故などによる傷害の多くは，安全な行動，環境の改善によって防止できることを理解している。 ・自然災害による傷害は，災害発生時だけでなく，二次災害によっても生じること。また，自然災害による傷害の多くは，災害に備えておくこと，安全に避難することによって防止できることを理解している。 ・応急手当を適切に行うことに	・傷害の防止について，危険の予測やその回避の方法を考えているとともに，それらを表現している。	・傷害の防止についての学習に自主的に取り組もうとしている。

知識・技能	思考・判断・表現	主体的に学習に取り組む態度
よって，傷害の悪化を防止することができることを理解しているとともに，心肺蘇生法などの技能を身に付けている。		

第3学年　【健康と環境】

知識・技能	思考・判断・表現	主体的に学習に取り組む態度
・身体には，環境に対してある程度まで適応能力があること。身体の 適応能力を超えた環境は，健康に影響を及ぼすことがあること。また，快適で能率のよい生活を送るための温度，湿度や明るさには一定の範囲があることを理解している。 ・飲料水や空気は，健康と密接な関わりがあること。また，飲料水や空気を衛生的に保つには，基準に適合するよう管理する必要があることを理解している。 ・人間の生活によって生じた廃棄物は，環境の保全に十分配慮し，環境を汚染しないように衛生的に処理する必要があることを理解している。	・健康と環境に関する情報から課題を発見し，その解決に向けて思考し判断しているとともに，それらを表現している。	・健康と環境ついての学習に自主的に取り組もうとしている。

評価規準，評価方法等の工夫改善に関する調査研究について

平成 31 年 2 月 4 日　国立教育政策研究所長裁定
平成 31 年 4 月 12 日　一　　部　　改　　正

1　趣　旨

　　学習評価については，中央教育審議会初等中等教育分科会教育課程部会において「児童生徒の学習評価の在り方について」（平成 31 年 1 月 21 日）の報告がまとめられ，新しい学習指導要領に対応した，各教科等の評価の観点及び評価の観点に関する考え方が示されたところである。

　　これを踏まえ，各小学校，中学校及び高等学校における児童生徒の学習の効果的，効率的な評価に資するため，教科等ごとに，評価規準，評価方法等の工夫改善に関する調査研究を行う。

2　調査研究事項
（1）評価規準及び当該規準を用いた評価方法に関する参考資料の作成
（2）学校における学習評価に関する取組についての情報収集
（3）上記（1）及び（2）に関連する事項

3　実施方法

　　調査研究に当たっては，教科等ごとに教育委員会関係者，教師及び学識経験者等を協力者として委嘱し，2 の事項について調査研究を行う。

4　庶　務

　　この調査研究にかかる庶務は，教育課程研究センターにおいて処理する。

5　実施期間

　　平成 31 年 4 月 19 日〜令和 2 年 3 月 31 日

巻末資料

評価規準，評価方法等の工夫改善に関する調査研究協力者（五十音順）

（職名は平成 31 年 4 月現在）

石川　泰成	埼玉大学准教授
桐原　　洋	山梨県教育庁指導主事
斉藤　憲一	栃木県宇都宮市教育委員会指導主事
佐藤　　豊	桐蔭横浜大学教授
高橋　修一	日本女子体育大学教授
千田　幸喜	岩手県二戸市立金田一中学校長
中原いずみ	滋賀県教育委員会指導主事
二戸　基明	神奈川県教育委員会教育局中教育事務所指導主事
根岸　　淳	横浜市立市場中学校長
前島　　光	神奈川県横須賀市立追浜中学校長
村上　千恵	大阪府高槻市立第九中学校教諭
森　　良一	東海大学教授

国立教育政策研究所においては，次の関係官が担当した。

関　　伸夫	国立教育政策研究所教育課程研究センター研究開発部教育課程調査官
横嶋　　剛	国立教育政策研究所教育課程研究センター研究開発部教育課程調査官

この他，本書編集の全般にわたり，国立教育政策研究所において以下の者が担当した。

笹井　弘之	国立教育政策研究所教育課程研究センター長
清水　正樹	国立教育政策研究所教育課程研究センター研究開発部副部長
髙井　　修	国立教育政策研究所教育課程研究センター研究開発部研究開発課長
高橋　友之	国立教育政策研究所教育課程研究センター研究開発部研究開発課指導係長
奥田　正幸	国立教育政策研究所教育課程研究センター研究開発部研究開発課指導係専門職
森　　孝博	国立教育政策研究所教育課程研究センター研究開発部教育課程調査官

巻末
資料

学習指導要領等関係資料について

　学習指導要領等の関係資料は以下のとおりです。いずれも，文部科学省や国立教育政策研究所のウェブサイトから閲覧が可能です。スマートフォンなどで閲覧する際は，以下の二次元コードを読み取って，資料に直接アクセスする事が可能です。本書と合わせて是非ご覧ください。

① 学習指導要領、学習指導要領解説　等

② 中央教育審議会答申「幼稚園、小学校、中学校、高等学校及び特別支援学校の学習指導要領等の改善及び必要な方策等について」(平成 28 年 12 月 21 日)

③ 中央教育審議会初等中等教育分科会教育課程部会報告「児童生徒の学習評価の在り方について」(平成 31 年 1 月 21 日)

④ 小学校，中学校，高等学校及び特別支援学校等における児童生徒の学習評価及び指導要録の改善等について(平成 31 年 3 月 29 日 30 文科初第 1845 号初等中等教育局長通知)

　　　　　　　　　※各教科等の評価の観点等及びその趣旨や指導要録(参考様式)は，同通知に掲載。

⑤ 学習評価の在り方ハンドブック(小・中学校編)(令和元年 6 月)

⑥ 学習評価の在り方ハンドブック(高等学校編)(令和元年 6 月)

⑦ 平成 29 年改訂の小・中学校学習指導要領に関する Q&A

⑧ 平成 30 年改訂の高等学校学習指導要領に関する Q&A

⑨ 平成 29・30 年改訂の学習指導要領下における学習評価に関する Q&A

①　②　③

④　⑤　⑥

⑦　⑧　⑨

巻末
資料

学習評価の在り方ハンドブック

小・中学校編

文部科学省 国立教育政策研究所教育課程研究センター

学習指導要領

学習指導要領とは,国が定めた「教育課程の基準」です。

（学校教育法施行規則第52条,74条,84条及び129条等より）

■学習指導要領の構成
〈小学校の例〉

前文
第1章　総則
第2章　各教科
　　　　第1節　　国語
　　　　第2節　　社会
　　　　第3節　　算数
　　　　第4節　　理科
　　　　第5節　　生活
　　　　第6節　　音楽
　　　　第7節　　図画工作
　　　　第8節　　家庭
　　　　第9節　　体育
　　　　第10節　　外国語
第3章　特別の教科 道徳
第4章　外国語活動
第5章　総合的な学習の時間
第6章　特別活動

総則は,以下の項目で整理され,全ての教科等に共通する事項が記載されています。
- ●第1　小学校教育の基本と教育課程の役割
- ●第2　教育課程の編成
- ●第3　教育課程の実施と学習評価
- ●第4　児童の発達の支援
- ●第5　学校運営上の留意事項
- ●第6　道徳教育に関する配慮事項

> 学習評価の実施に当たっての配慮事項

各教科等の目標,内容等が記載されています。
（例）第1節　国語
- ●第1　目標
- ●第2　各学年の目標及び内容
- ●第3　指導計画の作成と内容の取扱い

平成29年改訂学習指導要領の各教科等の目標や内容は,教育課程全体を通して育成を目指す資質・能力の三つの柱に基づいて再整理されています。

ア　何を理解しているか,何ができるか
　　（生きて働く「知識・技能」の習得）
イ　理解していること・できることをどう使うか（未知の状況にも対応できる「思考力・判断力・表現力等」の育成）
ウ　どのように社会・世界と関わり,よりよい人生を送るか
　　（学びを人生や社会に生かそうとする「学びに向かう力・人間性等」の涵養）

平成29年改訂「小学校学習指導要領」より
※中学校もおおむね同様の構成です。

詳しくは,文部科学省Webページ「学習指導要領のくわしい内容」をご覧ください。
(http://www.mext.go.jp/a_menu/shotou/new-cs/1383986.htm)

学習指導要領解説

学習指導要領解説とは,大綱的な基準である学習指導要領の記述の意味や解釈などの詳細について説明するために,文部科学省が作成したものです。

■学習指導要領解説の構成
〈小学校 国語編の例〉

●第1章　総説
1　改訂の経緯及び基本方針
2　国語科の改訂の趣旨及び要点

> 総説
> 改訂の経緯及び
> 基本方針

●第2章　国語科の目標及び内容
第1節　国語科の目標
1　教科の目標
2　学年の目標
第2節　国語科の内容
1　内容の構成
2　〔知識及び技能〕の内容
3　〔思考力,判断力,表現力等〕の内容

●第3章　各学年の内容
第1節　第1学年及び第2学年の内容
1　〔知識及び技能〕
2　〔思考力,判断力,表現力等〕
第2節　第3学年及び第4学年の内容
1　〔知識及び技能〕
2　〔思考力,判断力,表現力等〕
第3節　第5学年及び第6学年の内容
1　〔知識及び技能〕
2　〔思考力,判断力,表現力等〕

●第4章　指導計画の作成と内容の取扱い
1　指導計画作成上の配慮事項
2　内容の取扱いについての配慮事項
3　教材についての配慮事項

●付録
付録1：学校教育施行規則(抄)
付録2：小学校学習指導要領　第1章　総則
付録3：小学校学習指導要領　第2章　第1節　国語
付録4：教科の目標,各学年の目標及び内容の系統表
　　　　（小・中学校国語科）
付録5：中学校学習指導要領　第2章　第1節　国語
付録6：小学校学習指導要領　第2章　第10節　外国語
付録7：小学校学習指導要領　第4章　外国語活動
付録8：小学校学習指導要領　第3章　特別の教科　道徳
付録9：「道徳の内容」の学年段階・学校段階の一覧表
付録10：幼稚園教育要領

> 教科等の目標
> 及び内容の概要

> 参考
> （系統性等）

> 学年や
> 分野ごとの内容

> 指導計画作成や
> 内容の取扱いに係る配慮事項

「小学校学習指導要領解説 国語編」より
※中学校もおおむね同様の構成です。「総則編」,「総合的な学習の時間編」及び「特別活動編」は異なった構成となっています。

教師は,学習指導要領で定めた資質・能力が,児童生徒に確実に育成されているかを評価します

学習評価の基本的な考え方

　学習評価は,学校における教育活動に関し,児童生徒の学習状況を評価するものです。「児童生徒にどういった力が身に付いたか」という学習の成果を的確に捉え,**教師が指導の改善を図る**とともに,**児童生徒自身が自らの学習を振り返って次の学習に向かうことができるようにする**ためにも,学習評価の在り方は重要であり,教育課程や学習・指導方法の改善と一貫性のある取組を進めることが求められます。

カリキュラム・マネジメントの一環としての指導と評価

　各学校は,日々の授業の下で児童生徒の学習状況を評価し,その結果を児童生徒の学習や教師による指導の改善や学校全体としての教育課程の改善,校務分掌を含めた組織運営等の改善に生かす中で,学校全体として組織的かつ計画的に教育活動の質の向上を図っています。

　このように,「学習指導」と「学習評価」は学校の教育活動の根幹であり,教育課程に基づいて組織的かつ計画的に教育活動の質の向上を図る「カリキュラム・マネジメント」の中核的な役割を担っています。

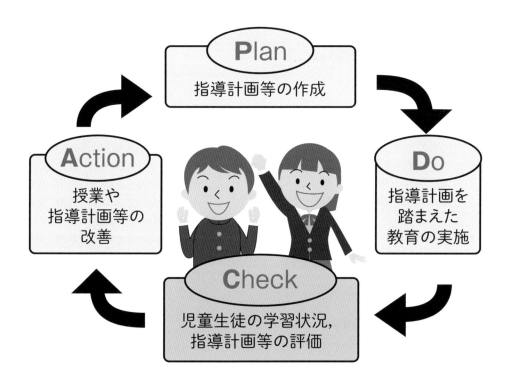

主体的・対話的で深い学びの視点からの授業改善と評価

　指導と評価の一体化を図るためには,児童生徒一人一人の学習の成立を促すための評価という視点を一層重視することによって,教師が自らの指導のねらいに応じて授業の中での児童生徒の学びを振り返り,学習や指導の改善に生かしていくというサイクルが大切です。平成29年改訂学習指導要領で重視している「主体的・対話的で深い学び」の視点からの授業改善を通して,各教科等における資質・能力を確実に育成する上で,学習評価は重要な役割を担っています。

次の授業では
〇〇を重点的に
指導しよう。

〇〇のところは
もっと〜した方が
よいですね。

- ☑ 教師の指導改善に
  つながるものにしていくこと

- ☑ 児童生徒の学習改善に
  つながるものにしていくこと

- ☑ これまで慣行として行われてきたことでも,
  必要性・妥当性が認められないものは
  見直していくこと

　詳しくは,平成31年3月29日文部科学省初等中等教育局長通知「小学校,中学校,高等学校及び特別支援学校等における児童生徒の学習評価及び指導要録の改善等について(通知)」をご覧ください。
(http://www.mext.go.jp/b_menu/hakusho/nc/1415169.htm)

コラム　　　評価に戸惑う児童生徒の声

　「先生によって観点の重みが違うんです。授業態度をとても重視する先生もいるし,テストだけで判断するという先生もいます。そうすると,どう努力していけばよいのか本当に分かりにくいんです。」(中央教育審議会初等中等教育分科会教育課程部会 児童生徒の学習評価に関するワーキンググループ第7回における高等学校3年生の意見より)

　あくまでこれは一部の意見ですが,学習評価に対する児童生徒のこうした意見には,適切な評価を求める切実な思いが込められています。そのような児童生徒の声に応えるためにも,教師は,児童生徒への学習状況のフィードバックや,授業改善に生かすという評価の機能を一層充実させる必要があります。教師と児童生徒が共に納得する学習評価を行うためには,評価規準を適切に設定し,評価の規準や方法について,教師と児童生徒及び保護者で共通理解を図るガイダンス的な機能と,児童生徒の自己評価と教師の評価を結び付けていくカウンセリング的な機能を充実させていくことが重要です。

Column

学習評価の基本構造

平成29年改訂で,学習指導要領の目標及び内容が資質・能力の三つの柱で再整理されたことを踏まえ,各教科における観点別学習状況の評価の観点については,「知識・技能」,「思考・判断・表現」,「主体的に学習に取り組む態度」の3観点に整理されています。

「学びに向かう力,人間性等」には
① 「主体的に学習に取り組む態度」として観点別評価（学習状況を分析的に捉える）を通じて見取ることができる部分と,
② 観点別評価や評定にはなじまず,こうした評価では示しきれないことから個人内評価を通じて見取る部分があります。

各教科における評価の基本構造

学習指導要領に示す目標や内容

| 知識及び技能 | 思考力,判断力,表現力等 | 学びに向かう力,人間性等 |

観点別学習状況評価の各観点
- 観点ごとに評価し,児童生徒の学習状況を分析的に捉えるもの
- 観点ごとにABCの3段階で評価

| 知識・技能 | 思考・判断・表現 | 感性,思いやりなど |

主体的に学習に取り組む態度

評 定
- 観点別学習状況の評価の結果を総括するもの。
- 5段階で評価（小学校は3段階。小学校低学年は行わない）

個人内評価
- 観点別学習状況の評価や評定には示しきれない児童生徒の一人一人のよい点や可能性,進歩の状況について評価するもの。

各教科等における学習の過程を通した知識及び技能の習得状況について評価を行うとともに,それらを既有の知識及び技能と関連付けたり活用したりする中で,他の学習や生活の場面でも活用できる程度に概念等を理解したり,技能を習得したりしているかを評価します。

各教科等の知識及び技能を活用して課題を解決する等のために必要な思考力,判断力,表現力等を身に付けているかどうかを評価します。

知識及び技能を獲得したり,思考力,判断力,表現力等を身に付けたりするために,自らの学習状況を把握し,学習の進め方について試行錯誤するなど自らの学習を調整しながら,学ぼうとしているかどうかという意思的な側面を評価します。

個人内評価の対象となるものについては,児童生徒が学習したことの意義や価値を実感できるよう,日々の教育活動等の中で児童生徒に伝えることが重要です。特に,「学びに向かう力,人間性等」のうち「感性や思いやり」など児童生徒一人一人のよい点や可能性,進歩の状況などを積極的に評価し児童生徒に伝えることが重要です。

詳しくは,平成31年1月21日文部科学省中央教育審議会初等中等教育分科会教育課程部会「児童生徒の学習評価の在り方について（報告）」をご覧ください。
(http://www.mext.go.jp/b_menu/shingi/chukyo/chukyo3/004/gaiyou/1412933.htm)

特別の教科 道徳, 外国語活動, 総合的な学習の時間及び特別活動の評価について

特別の教科 道徳, 外国語活動(小学校のみ), 総合的な学習の時間, 特別活動についても, 学習指導要領で示したそれぞれの[目]標や特質に応じ, 適切に評価します。なお, 道徳科の評価は, 入学者選抜の合否判定に活用することのないようにする必要が[あ]ります。

特別の教科 道徳(道徳科)

児童生徒の人格そのものに働きかけ, 道徳性を養うことを目標とする道徳科の評価としては, 観点別評価は妥当ではありません。授業において[児]童生徒に考えさせることを明確にして, 「道徳的諸価値についての理解を基に, 自己を見つめ, 物事を(広い視野から)多面的・多角的に考え, [自]己の(人間としての)生き方についての考えを深める」という学習活動における児童生徒の具体的な取組状況を, 一定のまとまりの中で, 児童[生]徒が学習の見通しを立てたり学習したことを振り返ったりする活動を適切に設定しつつ, 学習活動全体を通して見取ります。

外国語活動(小学校のみ)

評価の観点については, 学習指導要[領]に示す「第1目標」を踏まえ, 右の表[を]参考に設定することとしています。[こ]の3つの観点に則して児童の学習[状]況を見取ります。

知識・技能	思考・判断・表現	主体的に学習に取り組む態度
●外国語を通して, 言語や文化について体験的に理解を深めている。 ●日本語と外国語の音声の違い等に気付いている。 ●外国語の音声や基本的な表現に慣れ親しんでいる。	身近で簡単な事柄について, 外国語で聞いたり話したりして自分の考えや気持ちなどを伝え合っている。	外国語を通して, 言語やその背景にある文化に対する理解を深め, 相手に配慮しながら, 主体的に外国語を用いてコミュニケーションを図ろうとしている。

総合的な学習の時間

評価の観点については, 学習指導要[領]に示す「第1目標」を踏まえ, 各学校[に]おいて具体的に定めた目標, 内容に[基]づいて, 右の表を参考に定めること[と]しています。この3つの観点に則して[児]童生徒の学習状況を見取ります。

知識・技能	思考・判断・表現	主体的に学習に取り組む態度
探究的な学習の過程において, 課題の解決に必要な知識や技能を身に付け, 課題に関わる概念を形成し, 探究的な学習のよさを理解している。	実社会や実生活の中から問いを見いだし, 自分で課題を立て, 情報を集め, 整理・分析して, まとめ・表現している。	探究的な学習に主体的・協働的に取り組もうとしているとともに, 互いのよさを生かしながら, 積極的に社会に参画しようとしている。

特別活動

特別活動の特質と学校の創意工夫を生かすということから, 設置者ではなく, 各学校が評価の観点を定めることとしています。[そ]の際, 学習指導要領に示す特別活動の目標や学校として重点化した内容を踏まえ, 例えば以下のように, 具体的に観点を示す[こ]とが考えられます。

特別活動の記録								
内容	観点 学年		1	2	3	4	5	6
学級活動	よりよい生活を築くための知識・技能		○		○	○	○	
児童会活動	集団や社会の形成者としての思考・判断・表現			○	○		○	
クラブ活動	主体的に生活や人間関係をよりよくしようとする態度					○		
学校行事				○		○	○	

小学校児童指導要録(参考様式)様式2の記入例(5年生の例)

各学校で定めた観点を記入した上で, 内容ごとに, 十分満足できる状況にあると判断される場合に, ○印を記入します。

○印をつけた具体的な活動の状況等については, 「総合所見及び指導上参考となる諸事項」の欄に簡潔に記述することで, 評価の根拠を記録に残すことができます。

なお, 特別活動は学級担任以外の教師が指導する活動が多いことから, 評価体制を確立し, 共通理解を図って, 児童生徒の[よ]さや可能性を多面的・総合的に評価するとともに, 確実に資質・能力が育成されるよう指導の改善に生かすことが求められます。

観点別学習状況の評価について

　観点別学習状況の評価とは，学習指導要領に示す目標に照らして，その実現状況がどのようなものであるかを，観点ごとに評価し，児童生徒の学習状況を分析的に捉えるものです。

┃「知識・技能」の評価の方法

　　「知識・技能」の評価の考え方は，従前の評価の観点である「知識・理解」，「技能」においても重視してきたところです。具体的な評価方法としては，例えばペーパーテストにおいて，事実的な知識の習得を問う問題と，知識の概念的な理解を問う問題とのバランスに配慮するなどの工夫改善を図る等が考えられます。また，児童生徒が文章による説明をしたり，各教科等の内容の特質に応じて，観察・実験をしたり，式やグラフで表現したりするなど実際に知識や技能を用いる場面を設けるなど，多様な方法を適切に取り入れていくこと等も考えられます。

┃「思考・判断・表現」の評価の方法

　　「思考・判断・表現」の評価の考え方は，従前の評価の観点である「思考・判断・表現」においても重視してきたところです。具体的な評価方法としては，ペーパーテストのみならず，論述やレポートの作成，発表，グループや学級における話合い，作品の制作や表現等の多様な活動を取り入れたり，それらを集めたポートフォリオを活用したりするなど評価方法を工夫することが考えられます。

┃「主体的に学習に取り組む態度」の評価の方法

　　具体的な評価方法としては，ノートやレポート等における記述，授業中の発言，教師による行動観察や，児童生徒による自己評価や相互評価等の状況を教師が評価を行う際に考慮する材料の一つとして用いることなどが考えられます。その際，各教科等の特質に応じて，児童生徒の発達の段階や一人一人の個性を十分に考慮しながら，「知識・技能」や「思考・判断・表現」の観点の状況を踏まえた上で，評価を行う必要があります。

「主体的に学習に取り組む態度」の評価のイメージ

○「主体的に学習に取り組む態度」の評価については，①知識及び技能を獲得したり，思考力，判断力，表現力等を身に付けたりすることに向けた粘り強い取組を行おうとする側面と，②①の粘り強い取組を行う中で，自らの学習を調整しようとする側面，という二つの側面から評価することが求められる。

○これら①②の姿は実際の教科等の学びの中では別々ではなく相互に関わり合いながら立ち現れるものと考えられる。例えば，自らの学習を全く調整しようとせず粘り強く取り組み続ける姿や，粘り強さが全くない中で自らの学習を調整する姿は一般的ではない。

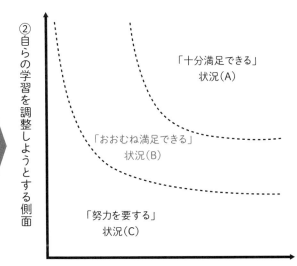

ここでの評価は，その学習の調整が「適切に行われるか」を必ずしも判断するものではなく，学習の調整が知識及び技能の習得などに結びついていない場合には，教師が学習の進め方を適切に指導することが求められます。

「自らの学習を調整しようとする側面」とは…

自らの学習状況を把握し，学習の進め方について試行錯誤するなどの意思的な側面のことです。評価に当たっては，児童生徒が自らの理解の状況を振り返ることができるような発問の工夫をしたり，自らの考えを記述したり話し合ったりする場面，他者との協働を通じて自らの考えを相対化する場面を，単元や題材などの内容のまとまりの中で設けたりするなど，「主体的・対話的で深い学び」の視点からの授業改善を図る中で，適切に評価できるようにしていくことが重要です。

コラム

「主体的に学習に取り組む態度」は，「関心・意欲・態度」と同じ趣旨ですが…
〜こんなことで評価をしていませんでしたか？〜

平成31年1月21日文部科学省中央教育審議会初等中等教育分科会教育課程部会「児童生徒の学習評価の在り方について（報告）」では，学習評価について指摘されている課題として，「関心・意欲・態度」の観点について「学校や教師の状況によっては，挙手の回数や毎時間ノートを取っているかなど，性格や行動面の傾向が一時的に表出された場面を捉える評価であるような誤解が払拭し切れていない」ということが指摘されました。これを受け，従来から重視されてきた各教科等の学習内容に関心をもつことのみならず，よりよく学ぼうとする意欲をもって学習に取り組む態度を評価するという趣旨が改めて強調されました。

Column

学習評価の充実

学習評価の妥当性，信頼性を高める工夫の例

- 評価規準や評価方法について，事前に教師同士で検討するなどして明確にすること，評価に関する実践事例を蓄積し共有していくこと，評価結果についての検討を通じて評価に係る教師の力量の向上を図ることなど，学校として組織的かつ計画的に取り組む。
- 学校が児童生徒や保護者に対し，評価に関する仕組みについて事前に説明したり，評価結果について丁寧に説明したりするなど，評価に関する情報をより積極的に提供し児童生徒や保護者の理解を図る。

評価時期の工夫の例

- 日々の授業の中では児童生徒の学習状況を把握して指導に生かすことに重点を置きつつ，各教科における「知識・技能」及び「思考・判断・表現」の評価の記録については，原則として単元や題材などのまとまりごとに，それぞれの実現状況が把握できる段階で評価を行う。
- 学習指導要領に定められた各教科等の目標や内容の特質に照らして，複数の単元や題材などにわたって長期的な視点で評価することを可能とする。

学年や学校間の円滑な接続を図る工夫の例

- 「キャリア・パスポート」を活用し，児童生徒の学びをつなげることができるようにする。
- 小学校段階においては，幼児期の教育との接続を意識した「スタートカリキュラム」を一層充実させる。
- 高等学校段階においては，入学者選抜の方針や選抜方法の組合せ，調査書の利用方法，学力検査の内容等について見直しを図ることが考えられる。

評価方法の工夫の例

全国学力・学習状況調査
（問題や授業アイディア例）を参考にした例

平成19年度より毎年行われている全国学力・学習状況調査では、知識及び技能等を実生活の様々な場面に活用する力や、様々な課題解決のための構想を立て実践し評価・改善する力などに関わる内容の問題が出題されています。

全国学力・学習状況調査の解説資料や報告書、授業アイディア例を参考にテストを作成したり、授業を工夫したりすることもできます。

 詳しくは、国立教育政策研究所Webページ「全国学力・学習状況調査」をご覧ください。
http://www.nier.go.jp/kaihatsu/zenkokugakuryoku.html)

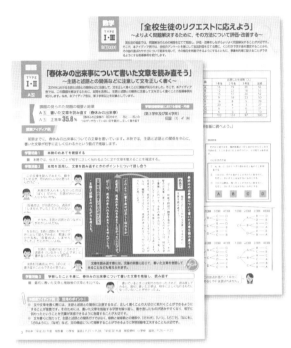

授業アイディア例

評価の方法の共有で働き方改革

ペーパーテスト等のみにとらわれず、一人一人の学びに着目して評価をすることは、教師の負担が増えることのように感じられるかもしれません。しかし、児童生徒の学習評価は教育活動の根幹であり、「カリキュラム・マネジメント」の中核的な役割を担っています。その際、助けとなるのは、教師間の協働と共有です。

評価の方法やそのためのツールについての悩みを一人で抱えることなく、学校全体や他校との連携の中で、計画や評価ツールの作成を分担するなど、これまで以上に協働と共有を進めれば、教師一人当たりの量的・時間的・精神的な負担の軽減につながります。風通しのよい評価体制を教師間で作っていくことで、評価方法の工夫改善と働き方改革にもつながります。

「指導と評価の一体化の取組状況」

A:学習評価を通じて、学習評価のあり方を見直すことや個に応じた指導の充実を図るなど、指導と評価の一体化に学校全体で取り組んでいる。

B:指導と評価の一体化の取組は、教師個人に任されている。

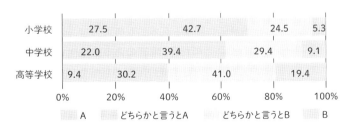

（平成29年度文部科学省委託調査「学習指導と学習評価に対する意識調査」より）

Q&A －先生方の質問にお答えします－

Q1 1回の授業で，3つの観点全てを評価しなければならないのですか。

A. 学習評価については，日々の授業の中で児童生徒の学習状況を適宜把握して指導の改善に生かすことに重点を置くことが重要です。したがって観点別学習状況の評価の記録に用いる評価については，毎回の授業ではなく原則として単元や題材などの内容や時間のまとまりごとに，それぞれの実現状況を把握できる段階で行うなど，その場面を精選することが重要です。

Q2 「十分満足できる」状況（A）はどのように判断したらよいのですか。

A. 各教科において「十分満足できる」状況（A）と判断するのは，評価規準に照らし，児童生徒が実現している学習の状況が質的な高まりや深まりをもっていると判断される場合です。「十分満足できる」状況（A）と判断できる児童生徒の姿は多様に想定されるので，学年会や教科部会等で情報を共有することが重要です。

Q3 指導要録の文章記述欄が多く，かなりの時間を要している現状を解決できませんか。

A. 本来，学習評価は日常の指導の場面で，児童生徒本人へフィードバックを行う機会を充実させるとともに，通知表や面談などの機会を通して，保護者との間でも評価に関する情報共有を充実させることが重要です。このため，指導要録における文章記述欄については，例えば，「総合所見及び指導上参考となる諸事項」については，要点を箇条書きとするなど，必要最小限のものとなるようにしました。また，小学校第3学年及び第4学年における外国語活動については，記述欄を簡素化した上で，評価の観点に即して，児童の学習状況に顕著な事項がある場合などにその特徴を記入することとしました。

Q4 評定以外の学習評価についても保護者の理解を得るにはどのようにすればよいのでしょうか。

A. 保護者説明会等において，学習評価に関する説明を行うことが効果的です。各教科等における成果や課題を明らかにする「観点別学習状況の評価」と，教育課程全体を見渡した学習状況を把握することが可能な「評定」について，それぞれの利点や，上級学校への入学者選抜に係る調査書のねらいや活用状況を明らかにすることは，保護者との共通理解の下で児童生徒への指導を行っていくことにつながります。

Q5 障害のある児童生徒の学習評価について，どのようなことに配慮すべきですか。

A. 学習評価に関する基本的な考え方は，障害のある児童生徒の学習評価についても変わるものではありません。このため，障害のある児童生徒については，特別支援学校等の助言または援助を活用しつつ，個々の児童生徒の障害の状態等に応じた指導内容や指導方法の工夫を行い，その評価を適切に行うことが必要です。また，指導要録の通級による指導に関して記載すべき事項が個別の指導計画に記載されている場合には，その写しをもって指導要録への記入に替えることも可能としました。

文部科学省
国立教育政策研究所
National Institute for Educational Policy Research

令和元年6月
文部科学省　国立教育政策研究所教育課程研究センター
〒100-8951 東京都千代田区霞が関3丁目2番2号　TEL 03-6733-6833（代表）

「指導と評価の一体化」のための
学習評価に関する参考資料
【中学校　保健体育】

令和 2 年 6 月 27 日	初版発行
令和 6 年 4 月 1 日	11 版発行

著作権所有　　　　国立教育政策研究所
　　　　　　　　　教育課程研究センター

発 行 者　　　　　東京都千代田区神田錦町 2 丁目 9 番 1 号
　　　　　　　　　コンフォール安田ビル 2 階
　　　　　　　　　株式会社　東洋館出版社
　　　　　　　　　代表者　錦織　圭之介

印 刷 者　　　　　大阪市住之江区中加賀屋 4 丁目 2 番 10 号
　　　　　　　　　岩岡印刷株式会社

発 行 所　　　　　東京都千代田区神田錦町 2 丁目 9 番 1 号
　　　　　　　　　コンフォール安田ビル 2 階
　　　　　　　　　株式会社　東洋館出版社
　　　　　　　　　電話　03-6778-7278

ISBN978-4-491-04138-4　　　　　定価：本体 1,000 円
　　　　　　　　　　　　　　　　　　（税込 1,100 円）税 10%